数学·统计学系列

组合数浅谈
An Elementary Treatise on Combinations

● 王连笑 著

哈尔滨工业大学出版社
HARBIN INSTITUTE OF TECHNOLOGY PRESS

内 容 简 介

这是一本介绍组合数的书.高中阶段已经学习过排列与组合的基础知识,对于排列与组合有了初步的了解,但是还有许多问题,例如,组合恒等式如何证明？怎样利用组合数解决一些数列的有关问题？怎样确定组合数的奇偶性？怎样利用组合数进行因式分解？怎样利用组合数研究不定方程的整数解的个数？怎样利用组合数计算空间分割的数目等.这些问题大家接触的并不多,但是每个中学生又都能解决,这本书就要对这样一些与组合数有关的数学问题做一些粗浅的介绍,以引起大家对组合数研究的兴趣.

图书在版编目(CIP)数据

组合数浅谈/王连笑著. —哈尔滨:哈尔滨工业大学出版社,2012.3
ISBN 978-7-5603-3511-7

Ⅰ.①组… Ⅱ.①王… Ⅲ.①组合数学 Ⅳ.①O157

中国版本图书馆 CIP 数据核字(2012)第 026953 号

策划编辑	刘培杰　张永芹
责任编辑	王　慧
封面设计	孙茵艾
出版发行	哈尔滨工业大学出版社
社　　址	哈尔滨市南岗区复华四道街 10 号　邮编 150006
传　　真	0451-86414749
网　　址	http://hitpress.hit.edu.cn
印　　刷	哈尔滨市石桥印务有限公司
开　　本	787mm×1092mm　1/16　印张 10.5　字数 200 千字
版　　次	2012 年 3 月第 1 版　2012 年 3 月第 1 次印刷
书　　号	ISBN 978-7-5603-3511-7
定　　价	28.00 元

(如因印装质量问题影响阅读,我社负责调换)

目录

第一章　排列数与组合数　// 1

　练习一　// 3

第二章　有限制条件的排列与组合问题　// 4

　练习二　// 12

第三章　容斥原理与装错信封问题　// 14

　练习三　// 21

第四章　路径计数问题　// 22

　练习四　// 27

第五章　一次不定方程的整数解的个数　// 29

　练习五　// 36

第六章　组合恒等式的证明　// 37

　练习六　// 49

第七章　组合数与数列　// 50

　练习七　// 61

第八章　组合数的因式分解 // 62

　　练习八　// 70

第九章　组合数与空间的分割 // 72

　　练习九　// 79

第十章　组合数的推广 // 80

　　练习十　// 86

第十一章　重复排列与重复组合 // 87

　　练习十一　// 97

第十二章　高考中的组合计数问题 // 98

　　练习十二　// 111

第十三章　数学竞赛中的组合计数问题 // 115

　　练习十三　// 125

习题答案或提示 // 127

排列数与组合数

什么叫排列和排列数，什么叫组合和组合数？在中学课本中是这样定义的：

定义1.1 从 n 个不同的元素中，任取 $m(m\leqslant n)$ 个不同的元素，按照一定的顺序排成一列叫做从 n 个不同的元素中，任取 $m(m\leqslant n)$ 个不同的元素的一个排列．从 n 个不同的元素中，任取 $m(m\leqslant n)$ 个不同的元素的所有排列的个数，叫做从 n 个不同的元素中，任取 $m(m\leqslant n)$ 个不同的元素的排列数．排列数记作 A_n^m（或记作 P_n^m）．

排列数计算公式为

$$A_n^m = n(n-1)(n-2)\cdots(n-m+1) = \frac{n!}{(n-m)!}$$

其中符号 $n!$ 叫做"n 的阶乘"，表示

$$n! = n \cdot (n-1) \cdot (n-2) \cdots 3 \cdot 2 \cdot 1$$

规定 $0! = 1$．

当 $m=n$ 时，$A_n^n = n!$ 是从 n 个不同的元素中取出所有元素的全排列数．

定义1.2 从 n 个不同的元素中，任取 $m(m\leqslant n)$ 个不同的元素并成一组，叫做从 n 个不同的元素中，任取 $m(m\leqslant n)$ 个不同的元素的一个组合．从 n 个不同的元素中，任取 $m(m\leqslant n)$ 个不同的元素的所有组合的个数，叫做从 n 个不同的元素中，任取 $m(m\leqslant n)$ 个不同的元素的组合数．排列数记作 C_n^m（或记作 $\binom{n}{m}$）．

组合数计算公式为
$$C_n^m = \frac{n(n-1)\cdots(n-m+1)}{m!} = \frac{n!}{m!\,(n-m)!}$$

关于排列数和组合数计算公式的证明.

1. 证明:$A_n^m = n(n-1)(n-2)\cdots(n-m+1)$.

证明 对 m 施用数学归纳法.

(1)当 $m=1$ 时,即每次从 n 个不同的元素中取出 1 个元素组成的排列,因而有 n 个,而 $n = \frac{n}{1!}$,所以,$A_n^1 = n$ 成立;

(2)假设 $m = k-1$ 时,公式成立,即
$$A_n^{k-1} = n(n-1)(n-2)\cdots(n-k+2)$$

那么,$m=k$ 时,只要在从 n 个不同的元素中,任取 $k-1$ 个不同的元素的排列的后面再加上一个与 $k-1$ 个元素不同的一个元素就可以得到从 n 个不同的元素中,任取 k 个不同的元素的排列.

由于在 n 个元素中不同于这 $k-1$ 个元素的还有 $n-(k-1) = n-k+1$(个)元素,所以对每一个 $k-1$ 个元素的排列,当添加一个元素之后,就得到了 $n-k+1$ 个 k 个元素的排列,于是,k 个元素的不同排列的个数是
$$A_n^k = (n-k+1)A_n^{k-1} = n(n-1)(n-2)\cdots(n-k+2)(n-k+1)$$

因此,$m=k$ 时,公式成立.

从而对所有 $1 \leqslant m \leqslant n$,公式成立.

2. 证明:$C_n^m = \frac{n(n-1)\cdots(n-m+1)}{m!}$.

证明 设有 n 个元素:$a_1, a_2, \cdots, a_n$. 对 m 施用数学归纳法.

(1)当 $m=1$ 时,即每次从 n 个不同的元素中取出 1 个元素组成一组,共有 n 组.

于是,$C_n^1 = n = \frac{n}{1!}$,公式成立;

(2)假设 $m = k-1$ 时,公式成立,即
$$C_n^{k-1} = \frac{n(n-1)\cdots(n-k+2)}{(k-1)!}$$

那么,$m=k$ 时,就是把从 n 个不同的元素中取出 $k-1$ 个元素的组合再添加一个不同的元素,设 $(k-1)$ 个元素的组合为
$$a_{i_1}, a_{i_2}, \cdots, a_{i_{k-1}}$$

由于在 n 个元素中不同于这 $k-1$ 个元素的还有 $n-(k-1) = n-k+$

1(个)元素,所以对每一个 $k-1$ 个元素的组合,当添加一个元素之后,就得到了 $n-k+1$ 个 k 个元素的组合,但是我们注意到,若添加的元素是 a_{i_k} 则所得到的组合是

$$a_{i_1}, a_{i_2}, \cdots, a_{i_{k-1}}, a_{i_k} \qquad ①$$

然而,从 $k-1$ 个元素的组合 $a_{i_2}, \cdots, a_{i_{k-1}}, a_{i_k}$ 添加 a_{i_1} 之后也得到组合①,这样一来,对 $k-1$ 个元素的组合,当添加一个元素之后,得到的 k 个元素的组合就有 k 次重复,因而有

$$C_n^k = \frac{n-k+1}{k} C_n^{k-1} = C_n^{k-1} = \frac{n \cdot (n-1) \cdot \cdots \cdot (n-k+2) \cdot (n-k+1)}{k!}$$

因此,$m=k$ 时,公式成立.

从而对所有 $1 \leqslant m \leqslant n$,公式成立.

练习一

1. 把下列各式写成排列数的形式:

(1) $\dfrac{7!}{4!}$; (2) $\dfrac{9!}{(9-x)!}$;

(3) $1\,984!$; (4) $1\,949 \times 1\,950 \times \cdots \times 2\,010$;

(5) $(18-n)(19-n)\cdots(30-n)$.

2. 把下列各式写成组合数的形式:

(1) $\dfrac{8!}{3! \cdot 5!}$; (2) $\dfrac{10!}{(6-n)! \cdot (n+4)!}$;

(3) $\dfrac{(m+5)!}{m! \cdot 5!}$; (4) $\dfrac{(m+1)!}{m!}$.

3. 解方程:

(1) $A_m^4 = 3\,024$; (2) $3A_8^n = 4A_9^{n-1}$;

(3) $C_x^4 = C_x^6$; (4) $C_x^4 = \dfrac{1}{4} A_x^2$.

4. 解不等式或不等式组:

(1) $A_9^x > 6A_9^{x-2}$;

(2) 若 $T_{r+1} = C_{28}^r 2^{28-r} 3^r$,解不等式组 $\begin{cases} T_{r+1} \geqslant T_r \\ T_{r+1} \geqslant T_{r+2} \end{cases}$.

3

有限制条件的排列与组合问题

第二章

排列组合应用题是中学生感到比较困难的内容之一. 特别是有一些条件限制的排列组合问题,就感到更加困难. 其实,在中学数学范围内,有一些条件限制的排列组合问题主要是围绕"在"与"不在"、"含"与"不含"及"分组"这样几个问题展开的. 所谓"在"与"不在",就是在排列问题上,某个元素必须在某个位置或一定不在某个位置;所谓"含"与"不含",就是在排列或组合问题上,必须包含某个元素或一定不包含某个元素,所谓"分组"问题,就是把一些元素分成几堆或几组.

所以,有条件限制的排列组合问题,主要有下列几个基本问题.

基本问题 1(包含某些元素的组合问题)

从 n 个不同的元素中,每次任取 $m(m \leqslant n)$ 个不同的元素,其中某 r 个元素必须包含在内的组合数是多少?

解 由于 r 个元素必须包含在内,所以只要从 $n-r$ 个元素中取出 $m-r$ 个元素即可. 于是,所求的组合数是 C_{n-r}^{m-r}.

例 2.1 从高二 1 班的 50 名同学中,选出 10 名同学参加一项旅游活动,但班内的 3 名少数民族学生必须参加,有多少种选出方法?

解 只要从除去 3 名少数民族学生的 47 名同学中再选出 7 名即可. 于是,选出的方法有 C_{47}^{7} 种.

例 2.2 有 9 名身高全不相同的同学排成一排,要求最高的同学站在最中间,两侧的同学按从中间算起,从高到矮排列,有多少种不同的排法?

解 让最高的同学站在最中间,只要在一侧从 8 名同学中选 4 名,由于本身的高矮不同,所以从高到矮的排列只有一种,因此,共有 C_8^4 种不同的排法.

基本问题 2(包含某些元素的排列问题)

从 n 个不同的元素中,每次任取 m $(m \leqslant n)$ 个不同的元素,其中某 r $(r \leqslant m)$ 个元素必须包含在内的排列数是多少?

解 由于 r 个元素必须包含在内,所以:

第一步,从 $n-r$ 个元素中取出 $m-r$ 个元素,有 C_{n-r}^{m-r} 种选法;

第二步,对必选的 r 个元素和选出的 $m-r$ 个元素共 m 个元素进行排列,有 A_m^m 种;

于是,所求的排列数是 $C_{n-r}^{m-r} A_m^m$.

例 2.3 由数字 1,2,3,4,5,6,7,8,9 可以组成多少个含有 1,7,8,9 这 4 个数字且各位数字均不重复的六位数.

解 由于 1,7,8,9 这 4 个数字必须选出,所以,从 2,3,4,5,6 这 5 个数字再选出 2 个数字,有 C_5^2 种选法.每一次选出的 2 个数字与 1,7,8,9 共 6 个数字组成 A_6^6 个各位数字均不重复的六位数.

所以,共有 $C_5^2 A_6^6 = 7\,200$(个)不同的符合题意的六位数.

例 2.4 从 10 部影片中选出 5 部影片在 5 家电影院放映,其中甲,乙两部必须放映,电影院放映电影的安排方法有多少种?

解 $C_8^3 A_5^5 = 6\,720$(种),即电影院放映电影的安排方法有 6 720 种.

基本问题 3(不包含某些元素的组合问题)

从 n 个不同的元素中,每次任取 m $(m \leqslant n)$ 个不同的元素,其中某 r $(r \leqslant m,$ 且 $n \geqslant m+r)$ 个元素都不在内的组合数是多少?

解 由于某 r 个元素都不在内,所以只要从不包含某 r 个元素的 $n-r$ 个元素中选出 m 个元素即可,即有 C_{n-r}^m 种.

例 2.5 某箱产品共有 100 件,其中有 3 件次品,其余是合格品,现每次从箱中抽出 10 件产品,其中没有次品的抽法有多少种?

解 有 $100-3=97$(种)合格品,所以没有次品的抽法有 C_{97}^{10} 种.

例 2.6 从 8,12,38,46,53,74,92,122 中选出 3 个数,使其和为偶数的选法有多少种?

解 题设中共有 8 个数,7 个偶数和 1 个奇数,由于要求 3 个数的和是偶数,所以不能选取奇数 53,于是选法有 $C_7^3 = 35$(种).

基本问题 4(不包含某些元素的排列问题)

从 n 个不同的元素中,每次任取 $m(m\leqslant n)$ 个不同的元素,其中某 $r(r\leqslant m$,且 $n\geqslant m+r)$ 个元素都不在内的排列数是多少?

解 由于某 r 个元素都不在内,所以只要从不包含某 r 个元素的 $n-r$ 个不同的元素中选出 m 个元素进行排列即可,即有 A_{n-r}^m 种.

例 2.7 由 1,2,3,4,5,6,7,8,9 这 9 个数字可以组成多少个各位数字之积都是奇数且数字不重复的四位数?

解 由于各位数字之积都是奇数,则组成的四位数的各个数字不能是偶数,所以 4 个数字只能从奇数字 1,3,5,7,9 中选出,于是可以组成 $A_5^4=120$(个)符合题目要求的四位数.

基本问题 5(某些元素在某些位置的排列问题)

从 n 个不同的元素中,每次任取 $m(m\leqslant n)$ 个不同的元素,其中必须有某 $r(r\leqslant m)$ 个元素在某 r 个不同位置的排列数是多少?

解 第一步先把 r 个元素排列在某 r 个不同位置上,有 A_r^r 种排法;

第二步从剩下的 $n-r$ 个不同的元素中选出 $m-r$ 个元素进行排列有 A_{n-r}^{m-r} 种.

所以,符合要求的排列有 $A_r^r A_{n-r}^{m-r}$ 种.

作为特例可考虑 $r=1$ 的情形:从 n 个不同的元素中,每次任取 $m(m\leqslant n)$ 个不同的元素,其中必须有某个元素在某个固定位置的排列数 A_{n-1}^{m-1}.

例 2.8 一个班级有 10 门课程:语文、政治、英语、数学、物理、化学、历史、地理、生物和体育,这个班级的功课表一天能排 6 节不同的课程,且每天都有数学课和语文课,这两门课必须排在前两节,那么,这一天的课表的排法有多少种?

解 数学课和语文课的排法有 A_2^2 种,其他 8 门课程选 4 门的排法有 A_8^4 种,所以共有 $A_2^2 A_8^4 = 3\,360$(种)排法.

基本问题 6(某些元素不在某些位置的排列问题)

从 n 个不同的元素中,每次任取 $m\ (m\leqslant n)$ 个不同的元素,其中某 $r(r\leqslant m)$ 个元素不在某 r 个不同位置的排列数是多少?

解 由于某 r 个元素必须不在某 r 个不同位置上,所以第一步先从剩下的 $n-r$ 个元素取出 r 个元素排列在指定的 r 个不同位置上,有 A_{n-r}^r 种排法;

第二步从剩下的 $n-r$ 个不同的元素中选出 $m-r$ 个元素进行排列有 A_{n-r}^{m-r} 种.

所以,符合要求的排列有 $A_{n-r}^r A_{n-r}^{m-r}$ 种.

例 2.9 由数字 $0,1,2,3,\cdots,9$ 可以组成多少个数字不重复的六位数？

解 由于 0 不能在首位，因此首位只能从 $1,2,3,\cdots,9$ 这 9 个数字中选取，有 C_9^1 种，其余的五位数可以从另外的 9 个数字中选取 5 个进行排列，有 A_9^5 种。

所以，可以组成 $C_9^1 A_9^5 = 136\,080$（个）数字不重复的六位数。

下面考虑分组问题。

关于分组问题，大家往往感到没有头绪，不能分辨出什么时候与顺序有关，什么时候与顺序无关，不容易把握解题规律。例如，有 6 本不同的书分给甲、乙、丙三人：

(1) 甲得 1 本，乙得 2 本，丙得 3 本，有多少种不同的分法？

(2) 一人得 1 本，一人得 2 本，一人得 3 本，有多少种不同的分法？

(3) 分成三堆，每堆 2 本，有多少种不同的分法？

(4) 每人各得 2 本，有多少种不同的分法？

这几个题目有这样的区别：一个区别是各组元素的个数是不是均匀。如每人各得 2 本，就属于各组元素的个数是均匀的，一人得 1 本，一人得 2 本，一人得 3 本，就属于各组元素的个数是不均匀的。

另一个区别是分组之后的顺序能不能改变。如甲得 1 本，乙得 2 本，丙得 3 本，就属于每人所得的本数不能改变，即顺序不能改变，或者说组与组之间不用编号，而一人得 1 本，一人得 2 本，一人得 3 本，这时得 1 本，得 2 本，得 3 本的甲、乙、丙三人顺序可以改变，或者说组与组之间需要编号，为此，我们可以把分组问题分为四类：非均匀不编号分组问题、均匀不编号分组问题、非均匀编号分组问题、均匀编号分组问题。

基本问题 7（非均匀不编号分组问题）

将 n 个不同的元素分成 m 组，每组元素的个数依次为 $k_1, k_2, \cdots, k_m$ 个，不同的分法有多少种？

解 由于可以不考虑组与组之间的顺序，所以先从 n 个不同的元素中选出 k_1 个元素作为第 1 组，有 $C_n^{k_1}$ 种分法；再从剩下的 $n - k_1$ 个元素中选出 k_2 个元素作为第 2 组，有 $C_{n-k_1}^{k_2}$ 种分法；再从剩下的 $n - (k_1 + k_2)$ 个元素中选出 k_3 个元素作为第 3 组，有 $C_{n-(k_1+k_2)}^{k_3}$ 种分法；如此下去，共有分法

$$C_n^{k_1} C_{n-k_1}^{k_2} C_{n-(k_1+k_2)}^{k_3} \cdots C_{n-(k_1+k_2+\cdots+k_{m-1})}^{k_m} \text{（种）}$$

例 2.10 把 6 本不同的书分给甲、乙、丙三人，甲得 1 本，乙得 2 本，丙得 3 本，有多少种不同的分法？

解 有 $C_6^1 C_5^2 C_3^3 = 60$（种）分法。

基本问题 8(非均匀编号分组问题)

将 n 个不同的元素分成编号为 $1,2,\cdots,m$ 的 m 个组,每组元素的个数依次为 $k_1,k_2,\cdots,k_m$ 个,不同的分法有多少种?

解 首先将 n 个不同的元素进行非均匀不编号分组问题,分法有

$$C_n^{k_1} C_{n-k_1}^{k_2} C_{n-(k_1+k_2)}^{k_3} \cdots C_{n-(k_1+k_2+\cdots+k_{m-1})}^{k_m} (\text{种})$$

然后对 m 个组进行全排列有 A_m^m 种,所以,非均匀编号分组问题的分法有

$$C_n^{k_1} C_{n-k_1}^{k_2} C_{n-(k_1+k_2)}^{k_3} \cdots C_{n-(k_1+k_2+\cdots+k_{m-1})}^{k_m} A_m^m (\text{种})$$

例 2.11 把 6 本不同的书分给甲、乙、丙三人,一人得 1 本,一人得 2 本,一人得 3 本,有多少种不同的分法?

解 把 6 本不同的书分给甲、乙、丙三人,如果固定为甲得 1 本,乙得 2 本,丙得 3 本,有 $C_6^1 C_5^2 C_3^3$ 种分法;

由于甲可能得 1 本,可能得 2 本,也可能得 3 本,乙、丙也是如此,因而共有 $C_6^1 C_5^2 C_3^3 A_3^3 = 360(\text{种})$ 分法.

基本问题 9(均匀不编号分组问题)

将 n 个不同的元素分成 m 组,若其中有 t 个组元素的个数相同($1 \leqslant t \leqslant n$),不同的分法有多少种?

解 首先将 n 个不同的元素分成 m 组,每组元素的个数依次为 $k_1,k_2,\cdots,k_m$ 个,则分法数为

$$C_n^{k_1} C_{n-k_1}^{k_2} C_{n-(k_1+k_2)}^{k_3} \cdots C_{n-(k_1+k_2+\cdots+k_{m-1})}^{k_m}$$

因为其中有 t 个组元素的个数相同,这 t 个组不用编号,因而有 A_t^t 种情况是相同的.

所以符合要求的分组方法数为

$$\frac{C_n^{k_1} C_{n-k_1}^{k_2} C_{n-(k_1+k_2)}^{k_3} \cdots C_{n-(k_1+k_2+\cdots+k_{m-1})}^{k_m}}{A_t^t}$$

作为特例,把 $n=mk$ 各元素分成 m 组,每组 k 个元素的分法数是

$$\frac{C_n^k C_{n-k}^k C_{n-2k}^k \cdots C_{n-(m-1)k}^k}{A_m^m}$$

例 2.12 把 6 本不同的书分成三堆,每堆 2 本,有多少种不同的分法?

解 有 $\dfrac{C_6^2 C_4^2 C_2^2}{A_3^3} = 15(\text{种})$.

例 2.13 有 10 名乒乓球运动员分成 5 对训练,有多少种不同的分法?

解 有 $\dfrac{C_{10}^2 C_8^2 C_6^2 C_4^2 C_2^2}{A_5^5} = 945(\text{种})$.

一般地,将 $2n$ 个不同的元素分成 n 组,每组 2 个元素的不同分法数为

$$\frac{C_{2n}^2 C_{2n-2}^2 \cdots C_6^2 C_4^2 C_2^2}{A_n^n} = \frac{2n \cdot (2n-1) \cdots 4 \cdot 3 \cdot 2 \cdot 1}{2^n \cdot n!}$$
$$= 1 \cdot 3 \cdot 5 \cdots (2n-3) \cdot (2n-1)$$

例 2.14 把 16 本不同的书分成 5 堆,每堆分别为 3,3,3,3,4 本,有多少种不同的分法?

解 有 $\dfrac{C_{16}^3 C_{13}^3 C_{10}^3 C_7^3 C_4^4}{A_4^4}$(种).

基本问题 10(均匀编号分组问题)

将 n 个不同的元素分成编号为 $1,2,\cdots,m$ 的 m 个组,其中第 $i_1, i_2, \cdots, i_t$ 组的元素个数相同,有多少种不同的分法?

解 由基本问题 8 和 9 可得分法数为

$$\frac{C_n^{k_1} C_{n-k_1}^{k_2} C_{n-(k_1+k_2)}^{k_3} \cdots C_{n-(k_1+k_2+\cdots+k_{m-1})}^{k_m} A_m^m}{A_t^t}$$

例 2.15 把 6 本不同的书分给甲、乙、丙三人,每人 2 本,有多少种不同的分法?

解 有 $\dfrac{C_6^2 C_4^2 C_2^2 A_3^3}{A_3^3} = 90$(种).

例 2.16 把 14 个人分成三组,其中第一组 5 人,第二组 5 人,第三组 4 人,有多少种不同的分法?

解 有 $\dfrac{C_{14}^5 C_9^5 C_4^4 A_3^3}{A_2^2}$(种)

在中学数学中所见到的排列组合应用问题,大体有以上 10 个基本问题,一些较难的题目不过是这 10 个基本问题的综合与灵活运用.下面再举几个例子.

例 2.17 由 7 人组成的一个代表队排成两排照相,前排 3 人,后排 4 人,但领队必须在前排,有多少种不同的排法?

解 由于前排必须有领队,所以前排的排列是一个包含某个元素的排列问题,所以,前排的排法有 $C_{7-1}^{3-1} A_3^3 = C_6^2 A_3^3$(种);而后排则是剩下 4 人的全排列,有 A_4^4 种.

所以,共有 $C_6^2 A_3^3 A_4^4 = 2\,160$(种)不同的排法.

这个题目也可以先考虑领队不在内的排列,然后再按要求把领队加入到排列之中,这样就是一个不包含某个元素的排列问题,即:

除去领队还有 6 个人,6 个人的全排列数是 A_6^6 种,把此 6 人排好后,前 2 人站在前排,后 4 人站在后排,然后领队站在前排,由于领队在前排有 3 个不同

的位置,即有 3 种站法.

所以,共有 $3A_6^6 = 2\,160$(种)不同的排法.

例 2.18 根据民意测验,某机关要从 5 名硕士文化水平和 4 名大学本科或专科文化水平的人中选出 1 名正职,1 名副职和 3 名常委组成 5 人领导班子.规定要选出的领导班子中至少有一半具有硕士文化水平,有多少种不同的选法?

解 此题显然要从 9 人中按要求选出 5 人,然后再从选出的 5 人中确定正副职和常委.

从 9 人中选出 5 人按要求至少有 3 名具有硕士文化水平,这是一个包含某些元素的组合问题.可以分为下面三种情形:

(1)从 5 名硕士文化水平的人中选 3 名,从 4 名大学本科或专科文化水平的人中选 2 名,有 $C_5^3 C_4^2$ 种选法;

(2)从 5 名硕士文化水平的人中选 4 名,从 4 名大学本科或专科文化水平的人中选 1 名,有 $C_5^4 C_4^1$ 种选法;

(3)从 5 名硕士文化水平的人中选 5 名,不选大学本科或专科文化水平的人,有 $C_5^5 C_4^0$ 种选法;

选出 5 人后再进行确定正副职的排列,有 A_5^2 种.

所以共有 $(C_5^3 C_4^2 + C_5^4 C_4^1 + C_5^5 C_4^0) A_5^2 = 1\,620$(种)不同的选法.

例 2.19 6 个数字均不相同且 6 个数字之和为偶数的六位数有多少个?

解 由于组成六位数的数字只能是 $0,1,2,\cdots,9$ 这 10 个数字,而其中 6 个数字之和为偶数只有两种情形:4 个数字是奇数,2 个数字是偶数或 2 个数字是奇数,4 个数字是偶数.

(1)4 个数字是奇数,2 个数字是偶数时,首先是从 1,3,5,7,9 这 5 个奇数字中选出 4 个奇数字,有 C_5^4 种选法.

但是从 0,2,4,6,8 中选出 2 个偶数字时涉及 0 这个特殊元素,因为 0 不能在首位,所以还要分为两种情形:

若所选的 2 个偶数字中没有 0,则有 C_4^2 种选法,此时组成的六位数有 $C_5^4 C_4^2 A_6^6$ 个;

若所选的 2 个偶数字有 0,可以先不考虑 0,从 4 个非 0 的偶数字中选出 1 个与所选的 4 个奇数字一起组成五位数,有 $C_5^4 C_4^1 A_5^5$ 个,再把 0 插到五位数中的 5 个位置中的一个位置,构成六位数,有 $5 C_5^4 C_4^1 A_5^5$ 个.

(2)2 个数字是奇数,4 个数字是偶数时,从 5 个奇数字中选出 2 个奇数字,

有 C_5^2 种选法,若所选的 4 个偶数字没有 0,有 C_4^4 种选法,由 2 个奇数字,4 个非 0 偶数字组成的六位数有 $C_5^2 C_4^4 A_6^6$ 个;

若所选的 4 个偶数字有 0,可以先不考虑 0,从 4 个非 0 的偶数字中选出 3 个与所选的 2 个奇数字一起组成五位数,有 $C_5^2 C_4^3 A_5^5$ 个,再把 0 插到五位数中的 5 个位置中的一个位置,构成六位数,有 $5 C_5^2 C_4^3 A_5^5$ 个.

由以上可得,符合题目要求的六位数共有
$$C_5^4 C_4^2 A_6^6 + 5 C_5^4 C_4^1 A_5^5 + C_5^2 C_4^4 A_6^6 + 5 C_5^2 C_4^3 A_5^5 = 64\,800(个)$$

例 2.20 把 10 个人平均分成两组,每组选正副组长各 1 人,有多少种不同的选法?

解 首先把 10 个人平均分成两组,这是均匀不编号分组问题,有 $\dfrac{C_{10}^5 C_5^5}{A_2^2}$ 种不同的选法;

然后每组在选出正副组长各 1 人,这是一个排列问题,各有 A_5^2 种选法.

所以,符合本题要求的选法有
$$\frac{C_{10}^5 C_5^5}{A_2^2} \cdot A_5^2 \cdot A_5^2 = 100\,800(种)$$

例 2.21 设 r, s 是正整数,$[a, b, c, d]$ 表示正整数 a, b, c, d 的最小公倍数,求满足下列条件
$$3^r \cdot 7^s = [a, b, c] = [a, b, d] = [a, c, d] = [b, c, d]$$
的集合 $\{a, b, c, d\}$ 的个数公式,要求答案是 r 与 s 的函数.

解 因为 3 与 7 都是质数,则由题设,a, b, c, d 中的每一个都具有 $3^m \cdot 7^n$ 的形式,其中 $m \in \{0, 1, 2, \cdots, r\}$,$n \in \{0, 1, 2, \cdots, s\}$.

首先证明:a, b, c, d 中至少有两个数满足 $m = r$,至少有两个数满足 $n = s$.
我们用反证法.

若 a, b, c, d 中至多有一个数满足 $m = r$,不失一般性,设 $a = 3^r \cdot 7^n$,则 b, c, d 的质因数分解中,3 的指数 $m < r$. 此时 $[b, c, d] \neq 3^r \cdot 7^s$,出现矛盾.

于是 a, b, c, d 中至少有两个数满足 $m = r$,同理 a, b, c, d 中至少有两个数满足 $n = s$.

现在我们寻找满足已知等式的集合 $\{a, b, c, d\}$ 的个数.

若 a, b, c, d 中有两个数满足 $m = r$,则另两个数的指数 $m \in \{0, 1, 2, \cdots, r-1\}$. 即这两个数的每一个都有 r 种选择,因此集合 $\{a, b, c, d\}$ 有 $C_4^2 C_r^1 C_r^1$ 个由 r 决定;

若 a, b, c, d 中有三个数满足 $m = r$,则另一个数的指数 $m \in$

$\{0,1,2,\cdots,r-1\}$，有 r 种选择，因此集合 $\{a,b,c,d\}$ 有 $C_4^3C_r^1$ 个由 r 决定；

若 a,b,c,d 都满足 $m=r$，则集合 $\{a,b,c,d\}$ 只有 $C_4^4=1$（个）由 r 决定.

于是，有 $C_4^2C_r^1C_r^1+C_4^3C_r^1+C_4^4$ 种方法决定 r；

同理，有 $C_4^2C_s^1C_s^1+C_4^3C_s^1+C_4^4$ 种方法决定 s.

因此共有
$$(C_4^2C_r^1C_r^1+C_4^3C_r^1+C_4^4)(C_4^2C_s^1C_s^1+C_4^3C_s^1+C_4^4)$$
$$=(6r^2+4r+1)(6s^2+4s+1)（个）$$

满足条件的集合 $\{a,b,c,d\}$.

练习二

1. 在 6 个人中，选出 4 个人排成一列，且每次都包含甲、乙二人，且甲在乙的前面，有多少种不同的排法？

2. 5 名男生，4 名女生排成一排，任两名女生不排在一起的排法有多少种？

3. 若 n 个人排成一行，甲、乙是其中两个人，那么在这 n 个人的所有排列中，甲、乙之间恰有 r 个人的排列有多少种？

4. 例如 1 447，1 005，1 231 这几个数有许多共同之处：它们都是四位数，最高位都是 1，都恰有两个数字相同，一共有多少这样的数？

5. 有 18 个队进行足球比赛，彼此赛了 8 轮（每一轮中，每个队只赛一场）.证明能找到三个队，它们之间互不比赛.

6. 某小组有 10 名同学，其中有 6 名男生，4 名女生，组长是男生，副组长是女生.现从这 10 名同学中选出 5 名去参加某项活动.要求正副组长一定要去一个，且只能去一个，女生至少去 1 名，至多去 3 名，问有多少种不同的选法？

7. 可以组成多少个满足下列条件的三角形：

(1) 三角形的顶点是凸 n 边形的顶点；

(2) 三角形的任何一边都不是凸 n 边形的边.

8. 通过平面上的三个点，分别作 m 条，n 条和 p 条直线，且这 $m+n+p$ 条直线中的任何三条都不交于一点，任何两条都不平行，那么这些直线可以组成多少个三角形？

9. 有锁若干把，现有 6 个人各掌握一部分钥匙，已知任何两个人同时去开锁，则有且仅有一把锁打不开，而任何三个人都能把全部锁打开，问最少有多少把锁？

10. 对于集合 $\{1,2,\cdots,n\}$ 和它的每一个非空子集,我们定义交替和如下:把子集中的数按从大到小的顺序排列,然后从最大的数开始,交替地加减各数(例如集合 $\{1,2,4,6,9\}$ 的交替和是 $9-6+4-2+1=6$,而集合 $\{5\}$ 的交替和是 5),对于 $n=7$ 求所有这些交替和的总和.

11. 已知三个点,过每个点作 m 条直线,使任何两条都不平行,任何三条都不交于一点,求所作直线交点的个数.

12. 由 0,1,2,3,4,5,6,7,8,9 这 10 个数字能组成多少个数字不重复的四位偶数?

13. 求证:可以用 $\dfrac{(2n)!}{2^n}$ 种方法将 $2n$ 件不同的物品分成 n 个不同的对.

14. 现有乒乓球队员 11 人,其中有 6 名男队员和 5 名女队员,从中各选出 2 人进行混合双打训练,共有多少种配合方法?

15. 把 32 个同学分配到第 1,2,3,4,5,6,7,8 宿舍中去,每个宿舍有 A,B,C,D 四个床位,有多少种不同的分法?

16. 把 32 个同学分成 8 组(不编号),每组 4 人,有多少种不同的分法?

容斥原理与装错信封问题

同学们在学习集合的时候，曾经解过这样一个题目：

某班有数学爱好者小组，物理爱好者小组，化学爱好者小组，依次有 10 人，12 人，5 人，其中既参加数学小组又参加物理小组的有 4 人，既参加数学小组又参加化学小组的有 3 人，既参加物理小组又参加化学小组的有 3 人，三个小组都参加的有 2 人，那么，这三个小组共有多少人参加？

为了叙述方便，不妨设数学爱好者小组，物理爱好者小组，化学爱好者小组依次为 A, B, C，这些小组的相应人数为 $|A|$，$|B|$，$|C|$，同时参加两个小组的相应人数为 $|A \cap B|$，$|B \cap C|$，$|C \cap A|$，同时参加三个小组的相应人数为 $|A \cap B \cap C|$. 至少参加一个小组的人数为 $|A \cup B \cup C|$.

为求这三个小组共有的人数，可以分下面几个步骤进行：

第一步，把三个小组的人数加起来：$|A| + |B| + |C|$.

但是，这样一加，有一部分人加多了，如同时参加数学小组和物理小组的人数就加了两遍，因此，还要把包含了的人数排除掉.

第二步，把同时参加两个小组的人数从三个数的和中减去，就有

$$|A| + |B| + |C| - |A \cap B| - |B \cap C| - |C \cap A|$$

但是这样一减，又多排除了，因为同时参加三个小组的同学就被减掉了，所以还要把多排除的部分再包含进去.

第三步，在前两步的基础上加上同时参加三个小组的人数 $|A\cap B\cap C|$.

这样就得到了参加三个小组的人数

$$|A\cup B\cup C|=|A|+|B|+|C|-$$
$$|A\cap B|-|B\cap C|-|C\cap A|+|A\cap B\cap C|$$
$$=10+12+5-4-3-3+2=19$$

即这三个小组共有 19 人参加.

如果知道这班有 40 人，那么有多少人一个小组都没有参加呢？

显然是 $40-19=21$（人）.

现在，我们把全班人数记作 $|Q|$，任何一个小组都没有参加的人数记作 $|\overline{A}\cap\overline{B}\cap\overline{C}|$，则

$$|\overline{A}\cap\overline{B}\cap\overline{C}|=|Q|-|A|-|B|-|C|+$$
$$|A\cap B|+|B\cap C|+|C\cap A|-$$
$$|A\cap B\cap C|$$

这一公式反映的规律就是容斥原理. 容斥原理的内容是这样的：

设有一个有限集合 A，其元素的个数为 $|A|$，$A_1,A_2,\cdots,A_k$ 是它的子集，$|A_i|$ 表示集合 $A_i(i=1,2,\cdots,k)$ 的元素的个数，$|A_i\cap A_j|$ 表示同时属于 A_i,A_j 这两个集合的元素的个数，$|A_i\cap A_j\cap\cdots\cap A_t|$ 表示同时属于 $A_i,A_j,\cdots,A_t$ 的元素的个数，$|A_1\cup A_2\cup\cdots\cup A_n|$ 表示集合 A 内至少属于集合 $A_i,A_j,\cdots,A_t$ 的一个集合的元素的个数. $|\overline{A}_i\cap\overline{A}_j\cap\cdots\cap\overline{A}_t|$ 表示集合 A 内不属于集合 A_i，$A_j,\cdots,A_t$ 的任何一个集合的元素的个数. 则

$$|\overline{A}_1\cap\overline{A}_2\cap\cdots\cap\overline{A}_n|$$
$$=|A|-\sum_{1\leqslant i\leqslant n}|A_i|+\sum_{1\leqslant i_1<i_2\leqslant n}|A_{i_1}\cap A_{i_2}|-\cdots+$$
$$(-1)^k\sum|A_{i_1}\cap\cdots\cap A_{i_k}|+\cdots+$$
$$(-1)^n|A_1\cap A_2\cap\cdots\cap A_n|$$

容斥原理的对偶形式为

$$|A_1\cup A_2\cup\cdots\cup A_n|$$
$$=\sum_{1\leqslant i\leqslant n}|A_i|-\sum_{1\leqslant i_1<i_2\leqslant n}|A_{i_1}\cap A_{i_2}|+\cdots+$$
$$(-1)^{k-1}\sum|A_{i_1}\cap\cdots\cap A_{i_k}|+\cdots+$$
$$(-1)^{n-1}|A_1\cap A_2\cap\cdots\cap A_n|$$

从容斥原理及其对偶形式可以看出，我们在求集合 A 中不属于集合 A_1，$A_2,\cdots,A_n$ 的任何一个集合的元素的个数时，是整个集合排除包含多了的元素，

排除多了,再包含,包含多了又排除,排除多了,又包含,这样交替进行,这样一个逐步完善的过程,因此,容斥原理及其对偶形式也叫做包含排除原理或逐步淘汰原理.

容斥原理在有限集合的个数的计算,一些组合数的计算和求概率的计算等,都有重要的作用. 例如,把 A 作为必然事件,$A_1,A_2,\cdots,A_n$ 为随机事件,$\overline{A_1}$,$\overline{A_2},\cdots,\overline{A_n}$ 为相应的对立事件,把前面的符号 $|A_i|$ 换为 $P(A_i)$,就是概率论中的包含排除原理,而把 $A_1,A_2,\cdots,A_n$ 看成某些事物的特征或要求,则可以解决组合数的一些问题.

下面,我们用容斥原理解决一个著名的数学问题:装错信封问题.

大数学家 J·伯努利兄弟的侄子 N·伯努利提出了这样一个问题:

一个人写了 n 封信,并且写了 n 个相应的信封,各个信封上的地址均不相同,收信人也不同,结果,这个人把这 n 封信都装错了信封,问装错信封的情况有多少种?

著名数学家欧拉把"装错信封问题"称为"组合理论的一个妙题".

"装错信封问题"可以有许多种叙述方式.

"拿错礼帽问题":有 n 个人,每人都戴了一顶帽子,参加一个晚会,进入会场时,把帽子放在衣帽间,出会场时,在慌乱中,每个人都把帽子拿错了,有多少种拿错帽子的情形?

"分发贺年卡问题":有 n 个人,每人都制作了一张贺年卡,有多少种分发贺年卡的方法(自己不给自己贺年卡)?

"更列问题":由 $1,2,3,\cdots,n$ 这 n 个数组成一个数列 $a_1,a_2,\cdots,a_n$,对每一个 i 都有 $a_i\neq i(i=1,2,\cdots,n)$,这样的数列有多少个?

我们先研究 $n=4$ 这样一个简单的情形,即 4 封信都装错信封的情形.

为叙述方便,设 4 封信为 a_1,a_2,a_3,a_4,4 个信封为 A_1,A_2,A_3,A_4,装对的情形是 a_i 装入 $A_i(i=1,2,3,4)$.

(1)若不考虑信是否装对信封,则有 $A_4^4=4!$(种)装法.

(2)若一定有 1 封信装对信封,即 a_i 装入 A_i,而其他 3 封信的装法(不管是否装对)有 $A_3^3=3!$(种),由于 a_i 装入 A_i 有 C_4^1 种,所以,一定有 1 封信装对信封的装法有 $C_4^1 A_3^3=C_4^1\cdot 3!$(种).

(3)若一定有 2 封信分别装对信封,即 a_i 装入 A_i,a_j 装入 A_j,这种情形有 C_4^2 种,而其他 2 封信的装法(不管是否装对)有 $A_2^2=2!$(种),所以,一定有 2 封信分别装对信封的装法有 $C_4^2 A_2^2=C_4^2\cdot 2!$(种).

(4)若一定有3封信分别装对信封,即a_i装入A_i,a_j装入A_j,a_k装入A_k这种情形有C_4^3种,而其他1封信的装法有$A_1^1=1!$(种),所以,一定有3封信分别装对信封的装法有$C_4^3 A_1^1 = C_4^3 \cdot 1!$(种).

(5)若4封信都装对信封,则有$C_4^4 0! = 1$(种).

由容斥原理,4封信都装错的情形有
$$4! - C_4^1 \cdot 3! + C_4^2 \cdot 2! - C_4^3 \cdot 1! + 1 = 9 (种)$$

这个问题可以看成由1,2,3,4四个数字组成的四位数,但1不在第一位,2不在第二位,3不在第三位,4不在第四位,这样的四位数有多少种？

我们可以很直观地把这9个四位数写出来

2 341, 2 143, 2 413, 3 142, 3 412, 3 421, 4 123, 4 312, 4 321

下面研究n封信都装错了信封的情形.

设n封信为$a_1, a_2, \cdots, a_n$,n个信封为$A_1, A_2, \cdots, A_n$,装对的情形是a_i装入$A_i (i=1,2,\cdots,n)$.并把n封信都装错了信封的情形数记为$\bar{n}$.

可以仿照上面4封信都装错的情形进行分析：

(1)若不考虑信是否装对信封,则有$A_n^n = n!$(种)装法.

(2)若至少有1封信装对信封,即a_i装入A_i,而其他$n-1$封信的装法(不管是否装对)有$A_{n-1}^{n-1} = (n-1)!$(种),由于a_i装入A_i有C_n^1种,所以,一定有1封信装对信封的装法有$C_n^1 A_{n-1}^{n-1} = C_n^1 \cdot (n-1)!$(种).

(3)若至少有2封信分别装对信封,即a_i装入A_i,a_j装入A_j,这种情形有C_n^2种,而其他$n-2$封信的装法(不管是否装对)有$A_{n-2}^{n-2} = (n-2)!$(种),所以,一定有2封信分别装对信封的装法有$C_n^2 A_{n-2}^{n-2} = C_n^2 \cdot (n-2)!$(种).

(4)若至少有3封信分别装对信封,即a_i装入A_i,a_j装入A_j,a_k装入A_k这种情形有C_n^3种,而其他$n-3$封信的装法有$A_{n-3}^{n-3} = (n-3)!$(种),所以,一定有2封信分别装对信封的装法有$C_n^3 A_{n-3}^{n-3} = C_n^3 \cdot (n-3)!$(种).

(5)一般地,其中至少有k封信分别装对信封的装法有$C_n^k A_{n-k}^{n-k} = C_n^k \cdot (n-k)!$(种).

于是,由容斥原理,n封信都装错的情形有
$$\bar{n} = n! - C_n^1 \cdot (n-1)! + C_n^2 \cdot (n-2)! - \cdots + (-1)^k C_n^k \cdot (n-k)! + \cdots + (-1)^n \cdot 1$$

大家可能注意到,这个公式的结构很像二项式的展开式
$$(x-1)^n = x^n - C_n^1 x^{n-1} + C_n^2 x^{n-2} - \cdots + (-1)^k C_n^k x^{n-k} + \cdots + (-1)^n C_n^n$$

其实,只要我们给出一个记号ξ,并令$\xi^k = k!$,这样一来,装错信封问题的种数可

以得到一个简单的表示式

$$\overline{n}=(\xi-1)^n$$

"装错信封问题"还可以用递推公式推导,方法是这样的:

仍用上面的记号.设 n 封信为 $a_1,a_2,\cdots,a_n$,n 个信封为 $A_1,A_2,\cdots,A_n$,装对的情形是 a_i 装入 $A_i(i=1,2,\cdots,n)$.并把 n 封信都装错了信封的情形数记为 $\overline{n}$.(同样,$n-1$ 封信装错的种数为 $\overline{n-1}$,$n-2$ 封信装错的种数为 $\overline{n-2}$,等).

首先研究 a_1 装入 A_2 时,装错信封的种数.对此,分两种情况讨论:

第一种情况,a_1 装入 A_2,a_2 装入 A_1,这时,其余 $n-2$ 封信都装错的种数为 $\overline{n-2}$;

第二种情况,a_1 装入 A_2,a_2 没有装入 A_1,这时,$n-1$ 封信都装错的种数为 $\overline{n-1}$;

这样,a_1 装入 A_2 时,装错信封的种数为 $\overline{n-1}+\overline{n-2}$.

同样,a_1 装入 A_3,a_1 装入 A_4,a_1 装入 A_5,$\cdots$,a_1 装入 A_n 时,装错信封的种数也为 $\overline{n-1}+\overline{n-2}$.

从而,装错信封的所有可能的种数为

$$\overline{n}=(n-1)(\overline{n-1}+\overline{n-2})$$
$$\overline{n}=n\cdot\overline{n-1}-\overline{n-1}+(n-1)\cdot\overline{n-2}$$

于是,有递推公式

$$\overline{n}-n\cdot\overline{n-1}=(-1)[\overline{n-1}-(n-1)\cdot\overline{n-2}]$$

取 $n=3,4,\cdots,n$,可得

$$\overline{3}-3\times\overline{2}=(-1)(\overline{2}-2\times\overline{1})$$
$$\overline{4}-4\times\overline{3}=(-1)(\overline{3}-3\times\overline{2})$$
$$\overline{5}-5\times\overline{4}=(-1)(\overline{4}-4\times\overline{3})$$
$$\vdots$$
$$\overline{n}-n\cdot\overline{n-1}=(-1)[\overline{n-1}-(n-1)\cdot\overline{n-2}]$$

这 $n-2$ 个等式相乘得

$$\overline{n}-n\cdot\overline{n-1}=(-1)^{n-2}[\overline{2}-2\cdot\overline{1}]$$

容易求出,$\overline{2}=1$,$\overline{1}=0$.

于是，$\bar{n}-n\cdot\overline{n-1}=(-1)^n$. 用 $n!$ 除等式两边得

$$\frac{\bar{n}}{n!}-\frac{\overline{n-1}}{(n-1)!}=\frac{(-1)^n}{n!}$$

取 $n=2,3,4,\cdots,n$,可得

$$\frac{\bar{2}}{2!}-\frac{\bar{1}}{1!}=\frac{(-1)^2}{2!}$$

$$\frac{\bar{3}}{3!}-\frac{\bar{2}}{2!}=\frac{(-1)^3}{3!}$$

$$\frac{\bar{4}}{4!}-\frac{\bar{3}}{3!}=\frac{(-1)^4}{4!}$$

$$\vdots$$

$$\frac{\bar{n}}{n!}-\frac{\overline{n-1}}{(n-1)!}=\frac{(-1)^n}{n!}$$

诸式相加得

$$\frac{\bar{n}}{n!}-\frac{\bar{1}}{1!}=\frac{1}{2!}-\frac{1}{3!}+\frac{1}{4!}-\frac{1}{5!}+\cdots+\frac{(-1)^n}{n!}$$

该式可化为

$$\bar{n}=n!\left[\frac{1}{2!}-\frac{1}{3!}+\frac{1}{4!}-\frac{1}{5!}+\cdots+\frac{(-1)^n}{n!}\right]$$

也可化为

$$\bar{n}=\frac{n!}{2!}-\frac{n!}{3!}+\frac{n!}{4!}-\frac{n!}{5!}+\cdots+\frac{(-1)^n n!}{n!}$$

$$=C_n^2(n-2)!-C_n^3(n-3)!+$$

$$C_n^4(n-4)!+\cdots+(-1)^n C_n^n(n-n)!$$

注意到，$n!-C_n^1(n-1)!=0$,可把上式整理得更为和谐.

$$n!=n!-C_n^1(n-1)!+C_n^2(n-2)!-C_n^3(n-3)!+\cdots+$$

$$(-1)^n C_n^n(n-n)!$$

$$=\sum_{i=0}^n(-1)^i C_n^i(n-i)!$$

这个式子还可写成

$$\bar{n}=A_n^n-A_n^{n-1}+A_n^{n-2}-A_n^{n-3}+\cdots+(-1)^n A_0^0=\sum_{i=0}^n(-1)^i A_n^{n-i}$$

由以上,有定理 3.1.

定理 3.1 n 封信都装错了信封的种数为

$$\overline{n}=n!\left[\frac{1}{2!}-\frac{1}{3!}+\frac{1}{4!}-\frac{1}{5!}+\cdots+\frac{(-1)^n}{n!}\right]$$

也可记为
$$\overline{n}=\sum_{i=0}^{n}(-1)^i A_n^{n-i}$$

或
$$\overline{n}=\sum_{i=0}^{n}(-1)^i C_n^i (n-i)!$$

这个结果使我们联想到这样一个问题:n 封信都装对了信封的种数显然为 1,那么,有且只有 $k(k<n)$ 封信装对了信封的种数又怎样求呢?

有且只有 $k(k<n)$ 封信装对了信封,等价于 $n-k$ 封信一定装错,于是有:

定理 3.2 有且只有 $k(k<n)$ 封信装对了信封的种数为 $C_n^k \overline{n-k}$.

至少有 k 封信分别装对信封的装法种数有多少呢?

这个问题在前面用容斥原理推导"装错信封问题"时,已有结论,于是有:

定理 3.3 至少有 k 封信分别装对信封的装法种数为 $C_n^k A_{n-k}^{n-k} = C_n^k \cdot (n-k)!$.

例 3.1 由 1,2,3,4,5,6,7,8,9 组成的形如 $1234\overline{\times\times\times\times\times}$ 的九位数,其中,万位不是 5,千位不是 6,百位不是 7,十位不是 8,个位不是 9,这样的九位数有多少个?

解 这是一个 5 封信装错信封的问题
$$\overline{5}=5!\left(\frac{1}{2!}-\frac{1}{3!}+\frac{1}{4!}-\frac{1}{5!}\right)=44$$

即符合题目要求的九位数有 44 个.

例 3.2 P 为集合 $S_n=\{1,2,\cdots,n\}$ 的一个排列,一个元素 $j\in S_n$,如果 $P(j)=j$ 就称为排列 P 的一个不动点.令 f_n 为 S_n 的无不动点的排列的个数,g_n 为恰好有一个不动点的排列的个数,证明:$|f_n-g_n|=1$.

证明 S_n 的无不动点的排列,相当于 n 封信都装错信封的情形,因此
$$f_n=\overline{n}$$

S_n 的恰好有一个不动点的排列的个数,相当于有且只有 1 封信装对了信封的情形,因此
$$g_n=C_n^1\cdot\overline{n-1}$$

$$f_n-g_n=\sum_{i=0}^{n}(-1)^i A_n^{n-i}-n\sum_{i=0}^{n-1}(-1)^i A_{n-1}^{(n-1)-i}$$
$$=\sum_{i=0}^{n}(-1)^i A_n^{n-i}-\sum_{i=0}^{n-1}(-1)^i n A_{n-1}^{(n-1)-i}$$
$$=\sum_{i=0}^{n}(-1)^i A_n^{n-i}-\sum_{i=0}^{n-1}(-1)^i A_n^{n-i}$$

$$= (-1)^n A_n^{n-n}$$
$$= (-1)^n$$
所以 $\qquad |f_n - g_n| = 1$

练习三

1. 某一天的课表要排 6 门课程：语文、政治、数学、英语、物理和体育，规定每门课上且上一节，一天排 6 节课，并且体育不排在第一节，数学不排在最后一节，那么符合规定的课表有多少种不同的排法？

2. 有一个 n 位数的集合，且这 n 位数是由数字 $1,2,\cdots,k$ 组成的，如果每个数字至少出现一次，那么这个集合共有多少元素？

3. 证明：在 n 封信中，有且只有 k 封信装错的种数为 $C_n^k \overline{k}$.

4. 证明：$C_n^0 \overline{0} + C_n^1 \overline{1} + C_n^2 \overline{2} + \cdots + C_n^{n-1} \cdot \overline{n-1} + C_n^n \cdot \overline{n} = n!$.

5. 把写有数码 $1,2,3,4,5,6$ 的 6 张卡片插入编号为 $1,2,3,4,5,6$ 的 6 只袋子，每一只袋子只插入 1 张卡片.

(1) 求每一张卡片的号码与所在袋子的号码都不相同的插法的种数.

(2) 求恰有 3 张卡片的号码与所装袋子的号码相同的插法的种数.

第四章 路径计数问题

我们先看这样一个智力竞赛的题目：

"组合数"这三个字的汉语拼音文字是"zuheshu"，我们把它摆成下面的菱形的形状，如图1：

```
            z
          u   u
        h   h   h
      e   e   e   e
        s   s   s
          h   h
            u
```

图1

从最上面的"z"读起，从上到下每行读一个字母，连续读出"z-u-h-e-s-h-u"，每一次读出都可以把这7个字母用一条折线联结，并且要求在读字母的时候，不要跳读，例如第三个字母读的是第三行的最左边的字母"h"，那么下一个只能读第四行的从左数第一个"e"或第二个"e"，而不能读第三个"e"或第四个"e"，因为这样读起来就不够连续了，那么，按这种读法，每读一次画一条折线，有多少种不同的折线呢？

我们仔细分析这个题目，从第一行读"z"，读到第二行的"u"，每一个"u"都只有一种读法，读到第三行，最左边的"h"显然还是一种读法，而中间的"h"有两种读法，这是因为从第二行左边的"u"和从右边的"u"都能读到中间的那个"h"。按此分析下去,读到每一个字母,其读法数都相当于这个字母肩上的两个读法数之和,因此,每一个字母有多少种读法恰为杨辉三角形的一部分,以上7个字母的读法数相当于图中杨辉三角形用线段连接起来的那个菱形,如图2所示:

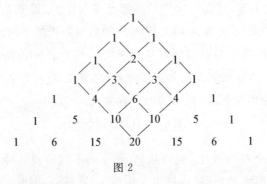

图2

因此,7个字母的读法数为20种.

其实,这样一个智力竞赛问题,也可以用组合数来解决.我们不妨改变一下问题的形式,把上面那个菱形改成一个正方形,如图3所示:

图3

我们可以把这个图形看成一个道路图,左下角的"z"是起点,右上角的"u"是终点,每一个字母所在的位置是一个丁字路口或十字路口,并且假定每两个东西走向的路口和每两个南北走向的路口之间的距离是相同的.

从左下角的"z"沿着图中的道路走到右上角的"u",最短的路程的走法有多少种?

显然,从左下角的"z"走到右上角的"u",要走三条水平方向(东西走向)的道路和三条垂直方向(南北走向)的道路,例如"右上上右上右"就是其中的一种走法.

因此,只要从6条道路的总和(这是最短的路程的总和)中选出三条向右的道路，另三条就是向上的道路，因而，从左下角的"z"走到右上角的"u"的不同的最短路径的种数是 $C_6^3 = 20$.

下面研究更为一般的问题：

设某城市纵横交错的道路如图 4，其中东西方向的道路有 $m+1$ 条，南北方向的道路有 $n+1$ 条，且假定这些道路都是等间距的，设其距离为 1 个单位（例如 100 m），那么从西南角 A 到东北角 B 的最短路程的不同的走法有多少种？

从道路的西端 A 沿着东西方向到东端 C 共走了 m 段路，即走了 m 个单位长度，从南端 C 沿着南北方向共走了 n 段路，即走了 n 个单位长度。显然，最短路程是 $m+n$ 个单位长度。其走法的一种就是

$$\underbrace{右右上右上上右\cdots\cdots}_{m+n}$$

这里有 m 个右，n 个上，所以从 A 到 B 的不同路程的种数是从 $m+n$ 段道路中选出 m 段向右的道路（或选出 n 段向上的道路），因此，其组合数为

$$C_{m+n}^n = \frac{(m+n)!}{m!\ n!}$$

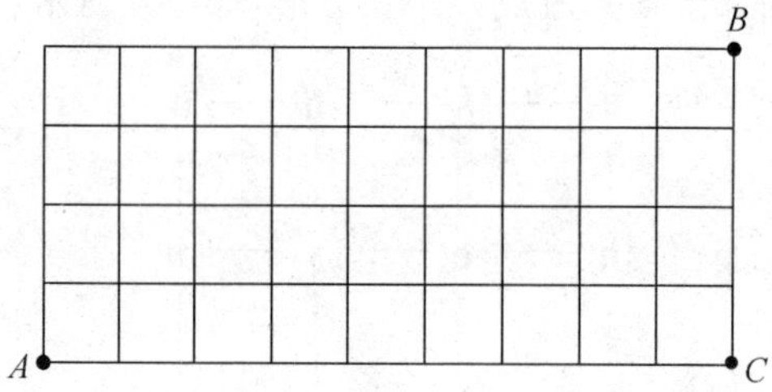

图 4

现在我们建立平面直角坐标系来研究上面的路径计数问题。

如图 5，设 $A(0,0)$, $B(m,n)$，其中 m, n 是正整数，并且从坐标轴开始，以 1 为单位作坐标轴的平行线，这些平行线的交点就是格点（坐标为整数的点叫做格点，也叫整点），把这些平行线交叉所成的方格叫坐标格，那么，从点 A 沿着坐标格到点 B 的最短路径有多少种呢？

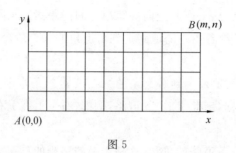

图 5

显然是 $C_{m+n}^n = \dfrac{(m+n)!}{m!\ n!}$ (种).

利用这种思路可以解决不少有关的问题.

例 4.1　若有红、白两队比赛排球,红队以 25∶21 获胜,那么比赛进行的过程中,比分有多少种可能?

解　如图 6,建立直角坐标系,设红队得分为横坐标,白队得分为纵坐标.

我们注意到,在比分达到 25∶21 之前,只有一种可能的比分,即 24∶21,所以,我们研究以 25∶21 获胜的可能得分情况,只要研究从 0∶0 到 24∶21 有多少种可能即可.

为此,问题转化为下面的路径计数问题:

从点 (0,0) 到点 (24,21) 的最短的不同的路径有多少种?

这个答案很简单,即 $C_{24}^{21} = C_{24}^{3} = 2\ 024$ (种).

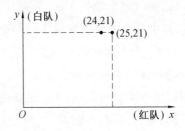

图 6

例 4.2　若甲、乙两人比赛羽毛球,甲以 21∶19 获胜,并且知道在整局比赛中,甲一直处于不失败地位,那么,在整局比赛的过程中,出现的比分有多少种可能?

解　如图 7,建立直角坐标系,设甲得分为横坐标,乙得分为纵坐标.且 $A(1,0), B(0,1), D(21,19), C(20,19), E(19,19)$.

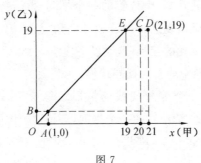

图 7

显然,甲以 21∶19 获胜的比分与打到 20∶19 的比分,在整个比赛过程中得分的情况是相同的.

由于在整局比赛中,甲一直处于不失败地位,所以,甲与乙的第一个比分是 $1:0$,即点 $A(1,0)$ 是从点 $(0,0)$ 出发的第一站.

于是,我们先求出从点 $A(1,0)$ 到点 $C(20,19)$ 的不同路径的种数. 即有 $C_{19+19}^{19}=C_{38}^{19}$(种).

但是,这里包含了甲不失败的情况,也包含了甲失败的情况.

而从 $A(1,0)$ 出发,甲失败的情况是甲走的路径不能碰到平局的线. 所谓平局的线就是图中的直线 OE. 但是,甲碰到平局线到 $C(20,19)$ 的路径数与从 $B(0,1)$(即 A 关于平局线的对称点 B)到 $C(20,19)$ 的路径数相同,而从 B 到 C 的不同路径数为 $C_{20+18}^{18}=C_{38}^{18}$(种).

因此,甲一直处于不失败地位的比分情况有

$$C_{38}^{19}-C_{38}^{18}=\frac{38!}{19!\cdot 19!}-\frac{38!}{18!\cdot 20!}=\frac{38!}{19!\cdot 20!}(种)$$

例 4.3 有 $2n$ 个人,其中 n 个人手中拿着 1 元一张的人民币,n 个人手中拿着 2 元一张的人民币,这 $2n$ 个人排队每人购买价值 1 元的东西,若售货处事先没有准备零钱,那么找得开钱的不同的排队方式有多少种?

和例 4.2 的解法一样,可得 $C_{2n}^n-C_{2n}^{n+1}$ 种不同的排队方式.

下面我们再给出一种另外的思考方法.

解 假设对某种排队方式出现找不开钱的情形,那么最先出现找不开钱的一定在从前到后的序号为奇数的人,不妨设为第 $2k+1$ 个人. 此时,第 $2k+1$ 人的前面(包括第 $2k+1$ 个人)有 k 个人手持 1 元,有 $k+1$ 个人手持 2 元. 剩下的则有 $n-k$ 个人手持 1 元,有 $n-k-1$ 个人手持 2 元.

将这 $2n-2k-1$ 个人的手中的钱互换,就得到 $n+1$ 个人手持 2 元,$n-1$ 个人手持 1 元在 $2n$ 个位置的一个排列;反之,任意一个 $n+1$ 个人手持 2 元,$n-1$ 个人手持 1 元在 $2n$ 个位置的一个排列,由于持 2 元的人数多,则必有某一次不能找钱,一旦出现这种等着找钱的情况,就把后面剩下的人手中的钱,手持 1 元的和手持 2 元的互换,这时就对应于 n 个人手持 1 元,n 个人手持 2 元在 $2n$ 个位置的排列中等着找钱的情形.

以上分析表明,每一个等着找钱的情形就等价于 $n+1$ 个人手持 2 元,$n-1$ 个人手持 1 元在 $2n$ 个位置的一个排列,于是这种情形共有 C_{2n}^{n+1} 种.

若不考虑等着找钱的情形,则共有 C_{2n}^n 种,因此,不等着找钱的排队方式共有 $C_{2n}^n-C_{2n}^{n+1}$ 种.

例 4.4 蜗牛要在由边长为 1 的方格构成的足够大的方格纸上沿着网络

线爬行长度为 $2n$ 的路程,路程的起点和终点是同一个指定的结点. 求证:供它爬行的不同路线的条数是 $(C_{2n}^n)^2$.

解法 1 将蜗牛所爬过的每个方格的一条边称为一段.

由于蜗牛爬行的路线是封闭的,故知它向右爬行的段数与向左爬行的段数相等,向上爬行的段数与向下爬行的段数也相等,因此,蜗牛向右爬行的段数与向上爬行的段数总和为 n,向左爬行的段数与向下爬行的段数总和也为 n.

我们首先从 $2n$ 段中选出 n 段作为向右爬行和向上爬行的路段,然后在这 n 段中选出 k 段作为向上爬行的路段,余下的 $n-k$ 段就是向右爬行的路段,在另外的 n 段中选出 k 段作为向下爬行的路段,余下的 $n-k$ 段就是向左爬行的路段,这时就可唯一确定一条路线.

因此,蜗牛爬行的不同的路线总数为

$$C_{2n}^n \cdot \sum_{k=0}^{n} C_n^k \cdot C_n^k = C_{2n}^n \cdot \sum_{k=0}^{n} C_n^k \cdot C_n^{n-k} = (C_{2n}^n)^2$$

这里,用到组合恒等式 $\sum_{k=0}^{n} C_n^k C_n^{n-k} = C_{2n}^n$,这个恒等式将在第六章中给予详细的证明,但是其组合意义是明显的. 例如有 n 个黑球和 n 个白球共 $2n$ 个小球,现从中取出 n 个小球,有 C_{2n}^n 种不同的取法,具体地可以取出 n 个小球可以有 $n+1$ 类:

取 0 个黑球和 n 个白球,有 $C_n^0 C_n^n$ 种;1 个黑球和 $n-1$ 个白球,有 $C_n^1 C_n^{n-1}$ 种;2 个黑球和 $n-2$ 个白球,有 $C_n^2 C_n^{n-2}$ 种;……,k 个黑球和 $n-k$ 个白球,有 $C_n^k C_n^{n-k}$ 种;……,n 个黑球和 0 个白球,有 $C_n^n C_n^0$ 种. 于是有 $\sum_{k=0}^{n} C_n^k C_n^{n-k} = C_{2n}^n$.

解法 2 因为蜗牛向上爬行的段数和向下爬行的段数相等,向左爬行的段数和向右爬行的段数相等,因此,蜗牛向右爬行的段数与向上爬行的段数总和为 n,向左爬行的段数与向下爬行的段数总和也为 n. 前者共有 C_{2n}^n 种不同的取法,后者也有 C_{2n}^n 种不同的取法. 两种取法各选一种就唯一确定一条路线(两次都选取的路段为向右爬行的路段,两次都未选取的路段为向左爬行的路段,第一次选取而第二次未取的路段是向上爬行的路段,第二次选取而第一次未取的路段是向下爬行的路段). 因此,蜗牛爬行的不同的路线总数为 $(C_{2n}^n)^2$.

练习四

1. 把"书是人类进步的阶梯"这 9 个字组成如图 8 的菱形:

图 8

要求从"书"字读到"梯"字,每个字只读一遍,读下个字时应是与上一字相邻的字,并把读过的字用折线联结起来,能组成多少不同的折线?

2. 从点 $A(1,0)$ 到点 $B(6,4)$ 沿着坐标格走的最短路径有多少种?

3. 某城市的街道如图 9,其中东西方向有 10 条马路,南北方向有 7 条马路,且马路之间是等距离的. 某人家住在点 D,他到百货商店 A 买东西,再到邮局 B 寄信,又到新华书店 C 买书,(A,B,C 位置如图 9),然后又回到家中,那么他不绕远的不同走法有多少种?

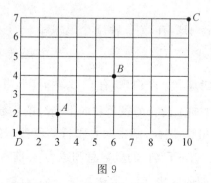

图 9

4. 甲、乙两队比赛排球,打到决胜局,甲队以 15∶9 获胜,在比赛中间有一次比分是 6∶6,那么整局比赛中,比分可能出现的情形有多少种?

5. 甲、乙两队比赛排球,从 0∶0 打到 10∶8,甲队一直不输,那么这一阶段的比分可能出现的情形有多少种?

6. 有 100 人买展览会门票,票价 10 元,售票处事先没有准备零钱,其中有 50 人拿 10 元钱买票,有 50 人拿 20 元钱买票,且每人只买 1 张票,那么找得开钱的购票者的排队方式有多少种?

An Elementary Treatise on Combinations

一次不定方程的整数解的个数

先看这样一个问题：

高中一年级有四个班，要组成一个 11 个人的球队．各班人数的分配有多少种方法？

设高一 1 班有 x_1 个人参加，高一 2 班有 x_2 个人参加，高一 3 班有 x_3 个人参加，高一 4 班有 x_4 个人参加，可得到方程
$$x_1+x_2+x_3+x_4=11 \qquad ①$$
这个方程有 4 个未知数，它的解往往是不确定的，例如
$$(x_1,x_2,x_3,x_4)=(1,2,3,5),(0,5,4,2)$$
$$\left(\frac{1}{2},3\frac{1}{2},4\frac{2}{3},2\frac{1}{3}\right),(-2,8,6,-1)\cdots$$
所以，方程①有无穷多组解，方程①叫不定方程．

但是，在一些具体问题中，对方程①的解有具体的要求，例如，一开始提出的问题，要求的解就必须是非负整数，而各班人数的分配的方法数是求方程①的非负整数解的个数．

那么，方程①的非负整数解的个数如何求呢？

我们可以把 11 根火柴棒并排放在一起，如图 10．

图 10

然后，在这 11 根火柴棒中间放上 3 个加号．例如，图 11 所示的这 3 个加号把火柴棒隔成 4 组，这 4 组火柴棒数就对应方程①的一组解：

图 11

$x_1=2, x_2=3, x_3=4, x_4=2.$ 又如图 12 所示：

图 12

对应方程①的一组解为：$x_1=4, x_2=0, x_3=4, x_4=3.$

因此,方程①的非负整数解的个数相当于从 11 根火柴棒和 3 个加号共 14 个元素所占的 14 个位置中,选出 3 个位置放"加号"的组合数,即等于 C_{14}^3,即 4 个非负整数的和为 11 的不同解的组数为 $C_{14}^3 = C_{11+4-1}^{4-1}$ 或 C_{11+4-1}^{11}.

如果把 11 根火柴棒看成 11 个小球,把所分成的 4 组看成 4 个小盒,方程①的非负整数解的个数问题就相当于把 11 个小球放入 4 个小盒里,有多少种不同的放法的问题.这时,可以把 3 个加号换成 3 个隔板,如图 13,14.

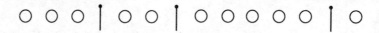

图 13

就表示第 1 个盒子里放入 3 个球,第 2 个盒子里放入 2 个球,第 3 个盒子里放入 5 个球,第 4 个盒子里放入 1 个球.

图 14

就表示第 1 个盒子里放入 3 个球,第 2 个盒子里放入 2 个球,第 3 个盒子里放入 0 个球,第 4 个盒子里放入 6 个球.

不同的放法的总数,就意味着 11 个小球和 3 个隔板共 14 个元素所占的 14 个位置中,选出 3 个位置放"隔板"的组合数,即等于 C_{14}^3,即 4 个非负整数的和为 11 的不同解的组数为 $C_{14}^3 = C_{11+4-1}^{4-1}$ 或 C_{11+4-1}^{11}.这就是常见的不可辨的小球入盒问题.

从上面的思考,我们不难得到更为一般的情形：

例 5.1 求一次不定方程

$$x_1 + x_2 + \cdots + x_k = n \quad (n \in \mathbf{N}_+)$$ ②

的非负整数解的个数.

解 我们构造组合模型求解.

可以设想有 n 个（不编号）的小球放进 k 个盒子里，即用 $k-1$ 个隔板把 n 个小球隔开的不同的方法数，就相当于球与隔板共 $n+k-1$ 个位置选 n 个位置放小球（即 $k-1$ 个位置放隔板）的组合数，显然，解为 C_{n+k-1}^{n} 或 C_{n+k-1}^{k-1}.

因此，一次不定方程②的非负整数解的个数为 C_{n+k-1}^{n} 或 C_{n+k-1}^{k-1}.

现在，我们回到本节开头所举的例子. 如果，我们做如下的改动：

高中一年级有四个班，要组成一个 11 个人的球队，且每班必须有人参加，各班人数的分配有多少种方法？

这个问题与本节开头的问题的不同点是增加了"每班必须有人参加"的条件，因此，方程

$$x_1 + x_2 + x_3 + x_4 = 11 \qquad ①$$

的解不能为 0，即要求正整数解.

那么，方程①的正整数解的组数是多少呢？更一般地：

例 5.2 求一次不定方程

$$x_1 + x_2 + \cdots + x_k = n \quad (n \in \mathbf{N}_+) \qquad ②$$

的正整数解的个数.

我们用两种方法来思考：

解法 1 利用例 5.1 中的一次不定方程的非负整数解的个数的结论来求解.

这就需要把方程②的正整数解的问题转化为非负整数解的问题. 为此，设 $y_i = x_i - 1 (i=1,2,\cdots,k)$，由 $x_i \geq 1$ 可得 $y_i \geq 0$.

从而，方程②化为

$$(y_1+1) + (y_2+1) + \cdots + (y_k+1) = n$$

$$y_1 + y_2 + \cdots + y_k = n - k \qquad ③$$

这样，求方程②的正整数解的问题转化为求方程③的非负整数解的问题，由例 5.1 的结论有，方程③的非负整数解的组数为

$$C_{(n-k)+k-1}^{n-k} = C_{n-1}^{n-k} = C_{n-1}^{k-1}$$

即方程②的正整数解的组数为 C_{n-1}^{n-k}（或 C_{n-1}^{k-1}）.

解法 2 构造组合模型求解.

可以设想有 n 个（不编号）的小球放进 k 个盒子里，方程②的正整数解的组数即为用 $k-1$ 个隔板把 n 个小球隔开的不同的方法数.

把 n 个小球排成一排，这样 n 个小球就占有 n 个不同的位置，用 $k-1$ 个隔

板把 n 个小球隔开,需要把 $k-1$ 个隔板插到 n 个小球的空隙中去,当然,根据题目的要求,不能把两个隔板插到同一个空隙中去(这样一来,就有一个小盒是空的),也不能把隔板放在最两端(这也意味着有空小盒),因此,这 $k-1$ 个隔板有 $n-1$ 个空隙可插,插法有 C_{n-1}^{k-1} 种。

于是,方程②的正整数解的组数为 C_{n-1}^{k-1}(或 C_{n-1}^{n-k}).

例 5.2 的解法 1 还可以启发我们解决下面的问题:

例 5.3 某人购买甲、乙、丙三种产品共 10 件,其中甲产品不得少于 3 件,共有多少种不同的购买方法?

解 设买甲种产品 x_1 件,乙种产品 x_2 件,丙种产品 x_3 件,由题意,有

$$\begin{cases} x_1+x_2+x_3=10 \\ x_1 \geqslant 3 \\ x_2 \geqslant 0 \\ x_3 \geqslant 0 \end{cases}$$

其中 $x_2=0$ 或 $x_3=0$ 就意味着不买乙种产品或不买丙种产品,这也符合题目要求.

再设 $x_1'=x_1-3$,则有 $x_1' \geqslant 0$. 于是,方程可化为

$$x_1'+x_2+x_3=7 \text{ 且 } x_1' \geqslant 0, x_2 \geqslant 0, x_3 \geqslant 0$$

由例 5.1 可得,这个方程的非负整数解的个数为 $C_{7+3-1}^{7}=C_9^7=C_9^2=36$. 所以,共有 36 种不同的购买方法.

例 5.4 把 20 本书奖给甲、乙、丙、丁四名学生,其中乙不得少于 6 本,丙不得多于 4 本,不得少于 2 本,有多少种不同的分法?

解 设奖给甲 x_1 本,乙 x_2 本,丙 x_3 本,丁 x_4 本. 则由题设得

$$\begin{cases} x_1+x_2+x_3+x_4=20 \\ x_1 \geqslant 0 \\ x_2 \geqslant 6 \\ 2 \leqslant x_3 \leqslant 4 \\ x_4 \geqslant 0 \end{cases}$$

设 $x_2'=x_2-6$,则 $x_2' \geqslant 0$. 方程化为

$$x_1+x_2'+x_3+x_4=14$$

这时,x_1, x_2', x_4 都是非负整数,$x_3=2,3,4$.

(1)当 $x_3=2$ 时,方程为 $x_1+x_2'+x_4=12$. 该方程的非负整数解的个数是 $C_{12+3-1}^{2}=C_{14}^{2}=91$.

(2)当 $x_3=3$ 时,方程为 $x_1+x_2'+x_4=11$. 该方程的非负整数解的个数是 $C_{11+3-1}^2=C_{13}^2=78$.

(3)当 $x_3=4$ 时,方程为 $x_1+x_2'+x_4=10$. 该方程的非负整数解的个数是 $C_{10+3-1}^2=C_{12}^2=66$.

所以,符合题目要求的分法有 $91+78+66=235$(种).

例 5.5 某城市的高中数学竞赛第一题有 7 道选择题,评分标准是这样的:每个小题答对得 5 分,答错扣 2 分,不答得 0 分. 那么,此题的得分情况共有多少种不同的结果?

解 设答对的有 x_1 道题,答错的有 x_2 道题,不答的有 x_3 道题. 于是,本题相当于求不定方程

$$x_1+x_2+x_3=7$$

非负整数解的个数. 即 $C_{7+3-1}^2=C_9^2=36$(种).

但是,答对 2 题又答错 5 题与 7 题都不答,都得0分,即 $x_1=2, x_2=5, x_3=0$ 与 $x_1=x_2=0, x_3=7$ 的得分相同.

于是,本题的答案:即选择题的不同成绩的总数为 $36-1=35$(种).

这个题目还可以只设两个未知数求解.

设答对 x 题,答错 y 题,则 $x+y$ 不会多于 7,于是有

$$0 \leqslant x+y \leqslant 7$$

$x+y=7$ 非负整数解的个数是 $C_{7+2-1}^{2-1}=8$;

$x+y=6$ 非负整数解的个数是 $C_{6+2-1}^{2-1}=7$;

$x+y=5$ 非负整数解的个数是 $C_{5+2-1}^{2-1}=6$;

……

$x+y=1$ 非负整数解的个数是 $C_{1+2-1}^{2-1}=2$;

$x+y=0$ 非负整数解的个数是 $C_{0+2-1}^{2-1}=1$;

从而总的情形有 $8+7+6+\cdots+2+1=36$(种).

同样,答题的情况不同,得分相同的有一种:$x=y=0$ 和 $x=2, y=5$ 都得 0 分. 所以,选择题的不同成绩的总数为 $36-1=35$(种).

例 5.5 启发我们思考下面的问题:

(1)如果答对一题不是得 5 分,而是得 p 分,答错一题不是扣 2 分,而是扣 q 分,那么题目的结果会怎样呢?

(2)如果选择题不是 7 道,而是 n 道,那么题目的结果又会怎样呢?

(3)上题的解法中,我们得到的答题的情况不同,得分相同的只有一种,这

种情况是怎样发现的呢？除了这一种情况之外，还有没有别的重复的情况呢？重复情况的种数要怎样求呢？

于是，我们有下面一般的问题：

例 5.6 设有 n 道选择题，评分标准是这样的：每个小题答对得 p 分，答错扣 q 分（即得 $-q$ 分），不答得 0 分，其中，$p,q\in \mathbf{N}_+$，且 p 与 q 互质，求解答 n 道选择题的不同成绩的总数。

解 设答对的有 x 道题，答错的有 y 道题，不答的有 z 道题，则

$$x+y+z=n$$

于是，答题的不同情形为方程 $x+y+z=n$ 的非负整数解的个数，即有 $C_{n+3-1}^{3-1}=C_{n+2}^{2}$（种）。

但是，正如上例那样，答题的情况不同但得分的情况可能相同。因此，在 C_{n+2}^{2} 种答题的情况下，需要排除答题的情况不同但得分的情况可能相同的种数。下面就研究这个问题。

我们注意到，不答的 z 道题，与所得的分数 u 没有关系，因此，所得分数 u 是 x 与 y 的函数，即有

$$u=px-qy \qquad ④$$

下面，我们借助于直角坐标系寻找上面所说的重复情况的种类。

由于 $0\leqslant x+y\leqslant n$，而不定方程 $x+y=k$，$0\leqslant k\leqslant n$ 的非负整数解的个数相当于直线 $x+y=n$ 与两个坐标轴所围成的 $\triangle AOB$ 的内部和边界上的整点的个数（图 15）。对于本题，整点 (x,y) 对应着答对 x 道题，答错 y 道题，反过来，答对 x 道题，答错 y 道题也对应着一个整点 (x,y)。

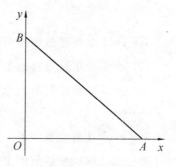

图 15

式④可化为

$$y=\frac{p}{q}x-\frac{u}{q} \qquad ⑤$$

若在 $\triangle AOB$ 的内部和边界上有两个整点 (x_1,y_1) 和 (x_2,y_2)，同时在直线⑤（当 u 为定值时）上，那么，答对 x_1 道题，答错 y_1 道题与答对 x_2 道题，答错 y_2 道题这两种情况都得 u 分。

这就是说，若 $\triangle AOB$ 的内部和边界上的两个整点所决定的斜率等于 $\frac{p}{q}$，那么，这两点对应的得分相同。

为此，如图16，我们作一个边长分别是p,q的矩形，把这个矩形放到$\triangle AOB$的内部，且让边长为q的边与Ox轴平行或重合，那么，这时矩形的左下角与右上角的两个顶点表示的不同答题情况所得的分数是相同的.

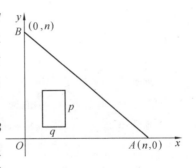

图16

如图17，假定矩形的左下顶点在$\triangle AOB$内，从原点O出发，沿x轴向右平行移动，显然，当矩形移到图中的$CDEF$的位置时，即顶点C在x轴上，顶点E在直线AB上，就再也不能向右移动了，因为，若再向右平移，矩形对角线CE的两个端点就不会在$\triangle AOB$的内部和边界上了.

同样，将矩形从原点O出发，沿y轴向上平行移动，它的最上面的位置是图中的$C'D'E'F'$，显然，当矩形的左下顶点在$\triangle OCC'$的内部或边界上是，它的右上顶点必定在$\triangle AOB$的内部和边界上. 这时，矩形的左下顶点与右上顶点表示的不同答题情况所得的分数是相同的.

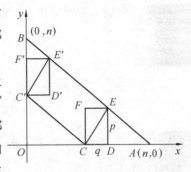

图17

为此，只要计算$\triangle OCC'$的内部和边界上的整点数目就可以了.

$\triangle AOB, \triangle ADE, \triangle BF'E', \triangle OCC'$都是等腰直角三角形，可求得
$$C(n-p-q,0), C'(0,n-p-q)$$
则$\triangle OCC'$的内部和边界上的整点数目相当于不定方程
$$x+y=k, 0\leqslant k\leqslant n-p-q$$
的非负整数解的个数.

容易求出，这个结果是
$$C_1^1+C_2^1+C_3^1+\cdots+C_{n-p-q+1}^1=1+2+\cdots+(n-p-q+1)$$
$$=\frac{(n-p-q+1)(n-p-q+2)}{2}$$
$$=C_{n-p-q+2}^2$$

这个结果就是答题的情况不同而得分相同的种数.

因此，n道选择题，每个小题答对得p分，答错扣q分（即得$-q$分），不答得0分（其中，$p,q\in \mathbf{N}_+$，且p与q互质），的不同成绩的总数为

(1) 当$n\geqslant p+q$时，有$C_{n+2}^2-C_{n-p-q+2}^2$种；

(2)当 $n<p+q$ 时,有 C_{n+2}^2 种.(这时,上面证明中的矩形在 $\triangle AOB$ 的内部不存在)

按照这一结果来计算,例 5.4 就是 $C_{7+2}^2-C_{7-5-2+2}^2=35$.

例 5.7 有 10 道选择题,评分标准是:每个小题答对得 4 分,答错扣 1 分,不答得 0 分,求解答这 10 道选择题的不同成绩的总数.

解 由例 5.6 的结论得不同成绩的总数有
$$C_{10+2}^2-C_{10-4-1+2}^2=66-21=45(种)$$

例 5.8 有 10 道选择题,评分标准是:每个小题答对得 7 分,答错扣 5 分,不答得 0 分,求解答这 10 道选择题的不同成绩的总数.

解 由例 5.6 的结论,因为 $10<7+5$,所以不同成绩的总数有
$$C_{10+2}^2=66(种)$$

练习五

1. 有 10 级台阶,要求 5 步走完,每一步最少上一级台阶,有多少种不同的上台阶的方法?

2. 有甲、乙两种茶杯,每种可以任意选购,但总数必须在 10 个以内(包括 10 个),有多少种不同的购买方法?

3. 全班有 50 名同学,一次数学测验成绩分为优,良,中,差四等,总成绩有多少种可能?

4. 全班有 50 名同学,一次数学测验成绩按百分计算(成绩为整数),总成绩有多少种可能?

5. 在一次数学竞赛中,有 10 道选择题,答对一道得 3 分,答错一道扣 1 分,不答得 0 分,现有 500 人参加竞赛,证明:至少有 14 人的得分相同.

组合恒等式的证明

6.1 一些组合恒等式的证明和组合模型

例 6.1 若 $m \leqslant n$,且 $n, m \in \mathbf{N}_+$,则 $C_n^m = C_n^{n-m}$.

证明 可得

$$左式 = \frac{n!}{m!(n-m)!}$$

$$右式 = \frac{n!}{(n-n+m)!(n-m)!} = \frac{n!}{m!(n-m)!}$$

所以,左式=右式,恒等式成立.

组合模型:

从 n 个元素中取出 m 个元素,相当于从 n 个元素中不取 $n-m$ 个元素.

例 6.2 若 $m \leqslant n$,且 $n, m \in \mathbf{N}_+$,则 $C_{n+1}^m = C_n^m + C_n^{m-1}$.

证明 可得

$$左式 = \frac{(n+1)!}{m!(n-m+1)!}$$

$$右式 = \frac{n!}{m!(n-m)!} + \frac{n!}{(m-1)!(n-m+1)!}$$

$$= \frac{n!(n-m+1) + n! \, m}{m!(n-m+1)!} = \frac{(n+1)!}{m!(n-m+1)!}$$

所以,左式=右式,恒等式成立.

组合模型:

左式表示从 $a_1, a_2, \cdots, a_n, a_{n+1}$ 这 $n+1$ 个不同的元素中,取出 m 个元素的组合,有 C_{n+1}^m 种.

右式表示,从 $a_1, a_2, \cdots, a_n, a_{n+1}$ 这 $n+1$ 个不同的元素中,取出 m 个元素的组合可以分为两类完成:

第 1 类,一定含有元素 a_{n+1} 的组合,这时,需要从 $a_1, a_2, \cdots, a_n$ 中取出 $m-1$ 个,有 C_n^{m-1} 种;

第 2 类,一定不含有元素 a_{n+1} 的组合,这时,需要从 $a_1, a_2, \cdots, a_n$ 中取出 m 个,有 C_n^m 种;

由分类计数原理得 $C_n^m + C_n^{m-1}$,这同样是从 $a_1, a_2, \cdots, a_n, a_{n+1}$ 这 $n+1$ 个不同的元素中,取出 m 个元素的组合数,即 C_{n+1}^m.

例 6.3 若 $m \leqslant n$,且 $n, m \in \mathbf{N}_+$,则 $C_{n+2}^{m+1} = C_n^{m+1} + 2C_n^m + C_n^{m-1}$.

证明 由恒等式 $C_{n+1}^m = C_n^m + C_n^{m-1}$ 得

$$C_n^{m+1} + 2C_n^m + C_n^{m-1} = (C_n^{m+1} + C_n^m) + (C_n^m + C_n^{m-1}) = C_{n+1}^{m+1} + C_{n+1}^m = C_{n+2}^{m+1}$$

组合模型:

左式 C_{n+2}^{m+1} 表示从 $n+2$ 个元素中任取 $m+1$ 个元素的所有组合的个数.

而右式,可以在 $n+2$ 个元素中指定两个特殊的元素 a, b,从 $n+2$ 个元素中任取 $m+1$ 个元素的所有组合的个数,可以分为三类:

第 1 类,不取所指定的特殊元素 a 和 b,这时,从 $n+2$ 个元素中任取 $m+1$ 个元素的所有组合的个数,相当于是从 n 个元素中任取 $m+1$ 个元素的所有组合,组合数为 C_n^{m+1}.

第 2 类,一定取所指定的特殊元素 a 和 b,这时从 $n+2$ 个元素中任取 $m+1$ 个元素的所有组合的个数,相当于是从 n 个元素中任取 $m-1$ 个元素的所有组合,组合数为 C_n^{m-1}.

第 3 类,只取所指定的特殊元素 a,而不取 b,这时从 $n+2$ 个元素中任取 $m+1$ 个元素的所有组合的个数,相当于是从 n 个元素中任取 m 个元素的所有组合,组合数为 C_n^m,同样只取所指定的特殊元素 b,而不取 a,组合数也为 C_n^m,即 a, b 只取一个的组合数为 $2C_n^m$.

由分类计数原理得 $C_n^{m+1} + 2C_n^m + C_n^{m-1}$.这同样是从 $n+2$ 个元素中任取 $m+1$ 个元素的所有组合的个数,即 C_{n+2}^{m+1}.

例 6.4 若 $n, m \in \mathbf{N}_+$,则 $C_n^0 + C_{n+1}^1 + C_{n+2}^2 + C_{n+3}^3 + \cdots + C_{n+m}^m = C_{n+m+1}^m$.

证明 可得

$$C_{n+1}^0 + C_{n+1}^1 + C_{n+2}^2 + C_{n+3}^3 + \cdots + C_{n+m}^m$$
$$= C_{n+2}^1 + C_{n+2}^2 + C_{n+3}^3 + \cdots + C_{n+m}^m$$
$$= C_{n+3}^2 + C_{n+3}^3 + \cdots + C_{n+m}^m$$
$$\vdots$$
$$= C_{n+m}^{m-1} + C_{n+m}^m$$
$$= C_{n+m+1}^m$$

这个恒等式也可写作
$$C_n^n + C_{n+1}^n + C_{n+2}^n + C_{n+3}^n + \cdots + C_{n+m}^n = C_{n+m+1}^n$$

组合模型:

右式 C_{n+m+1}^m 表示从 $n+m+1$ 个元素中任取 m 个元素的所有组合的个数.

为说明左式,设这 $n+m+1$ 个元素中的 m 个元素为 $a_1, a_2, \cdots, a_m$,其他的 $n+1$ 个元素不编号,则从 $n+m+1$ 个元素中任取 m 个元素的所有组合的个数,可分为 $m+1$ 类完成:

第 1 类,$a_1, a_2, \cdots, a_m$ 全取,则没有编号的元素取 0 个,有 $C_{n+1}^0 = C_n^0$(种).

第 2 类,$a_1, a_2, \cdots, a_{m-1}$ 这 $m-1$ 个元素全取,而 a_m 不取. 这时,还需要从没有编号的元素任取 1 个,有 C_{n+1}^1 种.

第 3 类,$a_1, a_2, \cdots, a_{m-2}$ 这 $m-2$ 个元素全取,而 a_{m-1} 不取. 这时,还需要从 a_m 和没有编号的元素共 $n+2$ 个元素中任取 2 个,有 C_{n+2}^2 种.

……

第 r 类,$a_1, a_2, \cdots, a_{m-r+1}$ 这 $m-r+1$ 个元素全取,而 a_{m-r+2} 不取. 这时,还需要从剩下的 $n+r-1$ 个元素中任取 $r-1$ 个,有 C_{n+r-1}^{r-1} 种.

……

第 m 类,a_1 必取,a_2 不取. 这时,还需要从剩下的 $n+m-1$ 个元素中,任取 $m-1$ 个,有 C_{n+m-1}^{m-1} 种.

第 $m+1$ 类,a_1 不取. 这时,还需要从剩下的 $n+m$ 个元素中,任取 m 个,有 C_{n+m}^m 种.

把以上的 $m+1$ 类相加即得左式.

例 6.5 若 $p \leqslant m \leqslant n$,且 $n, m, p \in \mathbf{N}_+$ 则 $C_n^m \cdot C_m^p = C_n^p \cdot C_{n-p}^{m-p}$.

证明 可得
$$\text{左式} = \frac{n!}{m!(n-m)!} \cdot \frac{m!}{p!(m-p)!} = \frac{n!}{p!(m-p)!(n-m)!}$$
$$\text{右式} = \frac{n!}{p!(n-p)!} \cdot \frac{(n-p)!}{(m-p)!(n-m)!} = \frac{n!}{p!(m-p)!(n-m)!}$$

所以,恒等式成立.

组合模型:

左式表示为先从 n 个人中选出 m 个人,再从 m 个人中选出 p 个人为领导小组成员.

右式表示为先从 n 个人中选出 p 个人为领导小组成员;再从剩下的 $n-p$ 个人中选出 $m-p$ 个人以补足 m 个人.

对该恒等式取 $p=1$,就是一个常见和常用的恒等式:$mC_n^m=nC_{n-1}^{m-1}$.

这两种组成小组,选组长的结果是相同的.

例 6.6 若 $n,m,p\in \mathbf{N}_+$,$p\leqslant n$ 且 $p\leqslant m$,则
$$C_n^0C_m^p+C_n^1C_m^{p-1}+C_n^2C_m^{p-2}+\cdots+C_n^pC_m^0=C_{n+m}^p.$$

证明 考虑二项式 $(1+x)^n(1+x)^m=(1+x)^{n+m}$ 展开式中 x^p 的系数,左边展开式的系数为 $C_n^0C_m^p+C_n^1C_m^{p-1}+C_n^2C_m^{p-2}+\cdots+C_n^pC_m^0$,而右边展开式的系数为 C_{n+m}^p,所以恒等式成立.

组合模型:

A 袋子里装有 n 个不同的白球,B 袋子里装有 m 个不同的黑球,右式表示为从两个袋子里共 $n+m$ 个球取出 p 个球.

左式表示为分 $p+1$ 类取出 p 个球:

第 1 类,从 A 袋取出 0 个白球,B 袋取出 p 个黑球,有 $C_n^0C_m^p$ 种.

第 2 类,从 A 袋取出 1 个白球,B 袋取出 $p-1$ 个黑球,有 $C_n^1C_m^{p-1}$ 种.

第 3 类,从 A 袋取出 2 个白球,B 袋取出 $p-2$ 个黑球,有 $C_n^2C_m^{p-2}$ 种.

第 4 类,从 A 袋取出 3 个白球,B 袋取出 $p-3$ 个黑球,有 $C_n^3C_m^{p-3}$ 种.

……

第 $p+1$ 类,从 A 袋取出 p 个白球,B 袋取出 0 个黑球,有 $C_n^pC_m^0$ 种.

由分类计数原理,把以上 $p+1$ 类相加即为左式.

在这个恒等式中,如果 $m=n=p$,则得到一个熟悉的恒等式
$$(C_n^0)^2+(C_n^1)^2+(C_n^2)^2+\cdots+(C_n^n)^2=C_{2n}^n.$$

例 6.7 若 $m\leqslant n$,且 $n,m\in \mathbf{N}_+$,则 $A_{n+1}^{m+1}=A_n^{m+1}+(m+1)A_n^m$.

证明 可得
$$\text{左式}=\frac{(n+1)!}{(n-m)!}$$

$$\text{右式}=\frac{n!}{(n-m-1)!}+\frac{(m+1)n!}{(n-m)!}$$

$$=\frac{n!(n-m)+n!(m+1)}{(n-m)!}=\frac{(n+1)!}{(n-m)!}$$

所以,左式＝右式,恒等式成立.

组合模型：

左式 A_{n+1}^{m+1} 表示从 $n+1$ 个元素中任取 $m+1$ 个元素的所有排列的个数.

而右式,可以在 $n+1$ 个元素中指定一个特殊的元素 a,从 $n+1$ 个元素中任取 $m+1$ 个元素的所有排列可以分为两类.

第 1 类,不取所指定的特殊元素 a,这时,是从 n 个元素中任取 $m+1$ 个元素的所有排列,排列数为 A_n^{m+1}；

第 2 类,一定取所指定的特殊元素 a,这时,第一步是从 n 个元素中任取 m 个元素的所有排列,排列数为 A_n^m,第二步是把 a 插入排列中去,由于 a 有 $m+1$ 个位置可以插入,于是,这时的排列数为 $(m+1)A_n^m$,因此,右式＝A_n^{m+1}＋$(m+1)A_n^m$.

6.2 组合恒等式的证明举例

1.利用二项式定理证明

在上面对组合恒等式的数学模型的研究中,若 $n,m,p\in \mathbf{N}_+$, $p\leqslant n$ 且 $p\leqslant m$,则

$$C_n^0 C_m^p + C_n^1 C_m^{p-1} + C_n^2 C_m^{p-2} + \cdots + C_n^p C_m^0 = C_{n+m}^p$$

这一恒等式的证明就是利用二项式的展开式进行的,下面再举一些例题.

例 6.8 $n\in \mathbf{N}_+$,证明

$$2^n = (C_n^0 - C_n^2 + C_n^4 - C_n^6 + \cdots)^2 + (C_n^1 - C_n^3 + C_n^5 - C_n^7 + \cdots)^2$$

证法 1 考查 $(1+\mathrm{i})^n$ 的展开式.

$$\begin{aligned}(1+\mathrm{i})^n &= C_n^0 + C_n^1 \mathrm{i} - C_n^2 - C_n^3 \mathrm{i} + C_n^4 + C_n^5 \mathrm{i} - C_n^6 - \cdots \\ &= (C_n^0 - C_n^2 + C_n^4 - \cdots) + \mathrm{i}(C_n^1 - C_n^3 + C_n^5 - \cdots)\end{aligned}$$

另一方面

$$(1+\mathrm{i})^n = \left[\sqrt{2}\left(\cos\frac{\pi}{4} + \mathrm{i}\sin\frac{\pi}{4}\right)\right]^n = \sqrt{2^n}\left(\cos\frac{n\pi}{4} + \mathrm{i}\sin\frac{n\pi}{4}\right)$$

于是

$$C_n^0 - C_n^2 + C_n^4 - \cdots = \sqrt{2^n}\cos\frac{n\pi}{4}$$

$$C_n^1 - C_n^3 + C_n^5 - \cdots = \sqrt{2^n}\sin\frac{n\pi}{4}$$

两式平方再相加得

$$2^n = (C_n^0 - C_n^2 + C_n^4 - C_n^6 + \cdots)^2 + (C_n^1 - C_n^3 + C_n^5 - C_n^7 + \cdots)^2$$

证法 2 可得

$$2^n = (1+1)^n = (1-i^2)^n = (1+i)^n(1-i)^n$$
$$= [(C_n^0 - C_n^2 + C_n^4 - \cdots) + i(C_n^1 - C_n^3 + C_n^5 - \cdots)] \cdot$$
$$[(C_n^0 - C_n^2 + C_n^4 - \cdots) - i(C_n^1 - C_n^3 + C_n^5 - \cdots)]$$
$$= (C_n^0 - C_n^2 + C_n^4 - C_n^6 + \cdots)^2 + (C_n^1 - C_n^3 + C_n^5 - C_n^7 + \cdots)^2$$

例 6.9 $n \in \mathbf{N}_+$，证明

$$C_n^0 + C_n^4 + C_n^8 + \cdots = 2^{n-2} + 2^{\frac{n-2}{2}} \cos \frac{n\pi}{4}$$

$$C_n^1 + C_n^5 + C_n^9 + \cdots = 2^{n-2} + 2^{\frac{n-2}{2}} \sin \frac{n\pi}{4}$$

$$C_n^2 + C_n^6 + C_n^{10} + \cdots = 2^{n-2} - 2^{\frac{n-2}{2}} \cos \frac{n\pi}{4}$$

$$C_n^3 + C_n^7 + C_n^{11} + \cdots = 2^{n-2} - 2^{\frac{n-2}{2}} \sin \frac{n\pi}{4}$$

证明 用 $1, -1, i, -i$ 代换 $(1+x)^n$ 展开式中的 x 得

$$(1+1)^n = C_n^0 + C_n^1 + C_n^2 + C_n^3 + C_n^4 + C_n^5 + C_n^6 + C_n^7 + \cdots \quad ①$$
$$(1-1)^n = C_n^0 - C_n^1 + C_n^2 - C_n^3 + C_n^4 - C_n^5 + C_n^6 - C_n^7 + \cdots \quad ②$$
$$(1+i)^n = C_n^0 + C_n^1 i - C_n^2 - C_n^3 i + C_n^4 + C_n^5 i - C_n^6 - C_n^7 i + \cdots \quad ③$$
$$(1-i)^n = C_n^0 - C_n^1 i - C_n^2 + C_n^3 i + C_n^4 - C_n^5 i - C_n^6 + C_n^7 i + \cdots \quad ④$$

①+②+③+④得

$$4(C_n^0 + C_n^4 + C_n^8 + \cdots)$$
$$= 2^n + 0 + \sqrt{2^n}\left(\cos \frac{n\pi}{4} + i\sin \frac{n\pi}{4}\right) + \sqrt{2^n}\left(\cos \frac{n\pi}{4} - i\sin \frac{n\pi}{4}\right)$$
$$= 2^n + 2^{\frac{n+2}{2}} \cos \frac{n\pi}{4}$$

所以 $$C_n^0 + C_n^4 + C_n^8 + \cdots = 2^{n-2} + 2^{\frac{n-2}{2}} \cos \frac{n\pi}{4}$$

①-②-③·i+④·i 得

$$4(C_n^1 + C_n^5 + C_n^9 + \cdots)$$
$$= 2^n - 0 - \sqrt{2^n}\left(i\cos \frac{n\pi}{4} - \sin \frac{n\pi}{4}\right) + \sqrt{2^n}\left(i\cos \frac{n\pi}{4} + \sin \frac{n\pi}{4}\right)$$
$$= 2^n + 2^{\frac{n+2}{2}} \sin \frac{n\pi}{4}$$

所以 $$C_n^1 + C_n^5 + C_n^9 + \cdots = 2^{n-2} + 2^{\frac{n-2}{2}} \sin \frac{n\pi}{4}$$

①+②-③-④得

$$4(C_n^2 + C_n^6 + C_n^{10} + \cdots)$$

$$= 2^n - 2^{\frac{n+2}{2}} \cos \frac{n\pi}{4}$$

$$= 2^n + 0 - \sqrt{2^n} \left(\cos \frac{n\pi}{4} + i\sin \frac{n\pi}{4} \right) - \sqrt{2^n} \left(\cos \frac{n\pi}{4} - i\sin \frac{n\pi}{4} \right)$$

所以 $\qquad C_n^2 + C_n^6 + C_n^{10} + \cdots = 2^{n-2} - 2^{\frac{n-2}{2}} \cos \frac{n\pi}{4}$

①－②＋③·i－④·i 得

$$4(C_n^3 + C_n^7 + C_n^{11} + \cdots)$$

$$= 2^n - 0 + \sqrt{2^n} \left(i\cos \frac{n\pi}{4} - \sin \frac{n\pi}{4} \right) - \sqrt{2^n} \left(i\cos \frac{n\pi}{4} + \sin \frac{n\pi}{4} \right)$$

$$= 2^n - 2^{\frac{n+2}{2}} \sin \frac{n\pi}{4}$$

所以 $\qquad C_n^3 + C_n^7 + C_n^{11} + \cdots = 2^{n-2} - 2^{\frac{n-2}{2}} \sin \frac{n\pi}{4}$

例 6.10 $n \in \mathbf{N}_+$，证明

$$1 - C_n^1 \cdot \frac{1+x}{1+nx} + C_n^2 \cdot \frac{1+2x}{(1+nx)^2} - C_n^3 \cdot \frac{1+3x}{(1+nx)^3} + \cdots +$$

$$(-1)^n C_n^n \cdot \frac{1+nx}{(1+nx)^n} = 0$$

证明 可得

$$\text{左式} = \left[1 - C_n^1 \left(\frac{1}{1+nx} \right) + C_n^2 \left(\frac{1}{1+nx} \right)^2 - C_n^3 \left(\frac{1}{1+nx} \right)^3 + \cdots + \right.$$

$$\left. (-1)^n C_n^n \left(\frac{1}{1+nx} \right)^n \right] -$$

$$\left[C_n^1 \frac{x}{1+nx} - C_n^2 \frac{2x}{(1+nx)^2} + C_n^3 \frac{3x}{(1+nx)^3} + \cdots + \right.$$

$$\left. (-1)^n C_n^n \frac{nx}{(1+nx)^n} \right]$$

由 $kC_n^k = nC_{n-1}^{k-1}$ 得

$$\text{左式} = \left(1 - \frac{1}{1+nx} \right)^n -$$

$$\left[nC_{n-1}^0 \frac{x}{1+nx} - nC_{n-1}^1 \frac{x}{(1+nx)^2} + nC_{n-1}^2 \frac{x}{(1+nx)^3} + \cdots + \right.$$

$$\left. (-1)^{n-1} nC_{n-1}^{n-1} \frac{x}{(1+nx)^n} \right]$$

$$= \left(1 - \frac{1}{1+nx} \right)^n - \frac{nx}{1+nx} \sum_{k=0}^{n-1} (-1)^k C_{n-1}^k \left(\frac{1}{1+nx} \right)^k$$

$$= \left(1-\frac{1}{1+nx}\right)^n - \frac{nx}{1+nx}\left(1-\frac{1}{1+nx}\right)^{n-1}$$

$$= \left(1-\frac{1}{1+nx}\right)^n - \left(1-\frac{x}{1+nx}\right)\left(1-\frac{1}{1+nx}\right)^{n-1} = 0$$

例 6.11 设 $1 \leqslant r \leqslant n$，考虑集合 $\{1,2,3,\cdots,n\}$ 的所有的含 r 个元素的子集及每一个这样子集的最小数，用 $F(n,r)$ 表示这些最小数的平均数，证明

$$F(n,r) = \frac{n+1}{r+1}$$

证明 首先注意到，集合 $\{1,2,3,\cdots,n\}$ 的所有的含 r 个元素的子集的个数为 C_n^r 个．

最小数为 1 含有 r 个元素的子集，一定含有元素 1，这样的子集有 C_{n-1}^{r-1} 个；

最小数为 2 含有 r 个元素的子集，一定不含元素 1，这样的子集有 C_{n-2}^{r-1} 个；

最小数为 3 含有 r 个元素的子集，一定不含元素 1,2，这样的子集有 C_{n-3}^{r-1} 个；

由于是含 r 个元素的子集，所以，子集的最小数不会大于 $n-r+1$．

最小数为 $n-r+1$ 含有 r 个元素的子集，有 $C_{n-(n-r+1)}^{r-1} = C_{r-1}^{r-1}$（个）．因此，所有含 r 个元素的子集的最小数的总和为

$$S = 1 \cdot C_{n-1}^{r-1} + 2 \cdot C_{n-2}^{r-1} + 3 \cdot C_{n-3}^{r-1} + \cdots + (n-r+1) \cdot C_{r-1}^{r-1}$$

而 $F(n,r) = \dfrac{S}{C_n^r}$．

下面计算 S 的值

$$W = 1 \cdot (1+x)^{n-r} + 2 \cdot (1+x)^{n-r-1} + 3 \cdot (1+x)^{n-r-2} + \cdots +$$
$$(n-r-1) \cdot (1+x)^2 + (n-r) \cdot (1+x) + (n-r+1)$$

$$(1+x)W = 1 \cdot (1+x)^{n-r+1} + 2 \cdot (1+x)^{n-r} + 3 \cdot (1+x)^{n-r-1} + \cdots +$$
$$(n-r-1) \cdot (1+x)^3 + (n-r) \cdot (1+x)^2 +$$
$$(n-r+1) \cdot (1+x)$$

两式相减得

$$xW = (1+x)^{n-r+1} + (1+x)^{n-r} + (1+x)^{n-r-1} + \cdots +$$
$$(1+x)^3 + (1+x)^2 + (1+x) - (n-r+1)$$

$$xW = \frac{(1+x)^{n-r+2} - (1+x)}{x} - (n-r+1)$$

$$W = \frac{(1+x)^{n-r+2} - (1+x)}{x^2} - \frac{n-r+1}{x}$$

下面再对 W 进行另一种运算．

$$(1+x)^{r-1}W = 1\cdot(1+x)^{n-1} + 2\cdot(1+x)^{n-2} + 3\cdot(1+x)^{n-3} + \cdots +$$
$$(n-r-1)\cdot(1+x)^{r+1} + (n-r)\cdot(1+x)^r +$$
$$(n-r+1)\cdot(1+x)^{r-1}$$
$$(1+x)^{r-1}\cdot\left[\frac{(1+x)^{n-r+2}-(1+x)}{x^2} - \frac{n-r+1}{x}\right]$$
$$= 1\cdot(1+x)^{n-1} + 2\cdot(1+x)^{n-2} + \cdots +$$
$$(n-r)\cdot(1+x)^r + (n-r+1)\cdot(1+x)^{r-1}$$
$$\frac{(1+x)^{n+1}}{x^2} - \frac{(1+x)^n}{x^2} - \frac{(n-r+1)\cdot(1+x)^{r-1}}{x}$$
$$= 1\cdot(1+x)^{n-1} + 2\cdot(1+x)^{n-2} + \cdots +$$
$$(n-r)\cdot(1+x)^r + (n-r+1)\cdot(1+x)^{r-1}$$

比较这个等式两边 x^{r-1} 的系数,得
$$C_{n+1}^{r+1} = 1\cdot C_{n-1}^{r-1} + 2\cdot C_{n-2}^{r-1} + 3\cdot C_{n-3}^{r-1} + \cdots + (n-r+1)\cdot C_{r-1}^{r-1} = S$$
即
$$F(n,r) = \frac{S}{C_n^r} = \frac{C_{n+1}^{r+1}}{C_n^r} = \frac{\frac{(n+1)!}{(r+1)!\ (n-r)!}}{\frac{n!}{r!\ (n-r)!}} = \frac{n+1}{r+1}$$

2. 利用已知的组合恒等式证明

本章开始提到的组合恒等式:若 $m \leqslant n$,且 $n,m \in \mathbf{N}_+$,则
$$C_n^m = C_n^{n-m},\ C_{n+1}^m = C_n^m + C_n^{m-1}$$
常常用来证明其他的组合恒等式,下面的一个恒等式也常常用到.

若 $m \leqslant n$,且 $n,m \in \mathbf{N}_+$,则 $mC_n^m = nC_{n-1}^{m-1}$.

这个恒等式是本章的例 6.5.

若 $p \leqslant m \leqslant n$,且 $n,m,p \in \mathbf{N}_+$ 则 $C_n^m \cdot C_m^p = C_n^p \cdot C_{n-p}^{m-p}$.

取 $p=1$ 的结果,我们再单独证明这个恒等式. 证法如下
$$mC_n^m = \frac{m\cdot n!}{m!\cdot(n-m)!} = \frac{n\cdot(n-1)!}{(m-1)!\cdot(n-m)!} = nC_{n-1}^{m-1}$$

由恒等式得到的例 6.4:

若 $n,m \in \mathbf{N}_+$,则
$$C_n^0 + C_{n+1}^1 + C_{n+2}^2 + C_{n+3}^3 + \cdots + C_{n+m}^m = C_{n+m+1}^m$$
及其变形
$$C_n^n + C_{n+1}^n + C_{n+2}^n + C_{n+3}^n + \cdots + C_{n+m}^n = C_{n+m+1}^n$$
利用以上这些已知的恒等式可以对例 6.4 给出一个比较简洁的证明:

例 6.12 设 $1 \leqslant r \leqslant n$,考虑集合 $\{1,2,3,\cdots,n\}$ 的所有的含 r 个元素的子集及每一个这样子集的最小数,用 $F(n,r)$ 表示这些最小数的平均数,证明
$$F(n,r)=\frac{n+1}{r+1}$$

证明 由例 6.4 可知,相当于证明
$$F(n,r)=\frac{S}{C_n^r}=\frac{1\cdot C_{n-1}^{r-1}+2\cdot C_{n-2}^{r-1}+3\cdot C_{n-3}^{r-1}+\cdots+(n-r+1)\cdot C_{r-1}^{r-1}}{C_n^r}=\frac{n+1}{r+1}$$

因为
$$nC_{n-1}^{r-1}+(n-1)C_{n-2}^{r-1}+\cdots+rC_{r-1}^{r-1}$$
$$=rC_n^r+rC_{n-1}^r+\cdots+rC_r^r=rC_{n+1}^{r+1}$$

另一方面
$$(n+1)C_{n-1}^{r-1}+(n+1)C_{n-2}^{r-1}+\cdots+(n+1)C_{r-1}^{r-1}$$
$$=(n+1)(C_{n-1}^{r-1}+C_{n-2}^{r-1}+\cdots+C_{r-1}^{r-1})=(n+1)C_n^r$$

两式相减,得
$$1\cdot C_{n-1}^{r-1}+2\cdot C_{n-2}^{r-1}+\cdots+(n-r+1)C_{r-1}^{r-1}$$
$$=(n+1)C_n^r-rC_{n+1}^{r+1}$$
$$=(r+1)C_{n+1}^{r+1}-rC_{n+1}^{r+1}$$
$$=C_{n+1}^{r+1}$$
$$=\frac{n+1}{r+1}C_n^r$$

于是有
$$F(n,r)=\frac{1\cdot C_{n-1}^{r-1}+2\cdot C_{n-2}^{r-1}+3\cdot C_{n-3}^{r-1}+\cdots+(n-r+1)\cdot C_{r-1}^{r-1}}{C_n^r}=\frac{n+1}{r+1}$$

例 6.13 若 $n\in\mathbf{N}_+$,则 $C_n^1+2C_n^2+3C_n^3+\cdots+nC_n^n=n\cdot 2^{n-1}$.

证明 利用公式 $mC_n^m=nC_{n-1}^{m-1}$ 得
$$C_n^1+2C_n^2+3C_n^3+\cdots+nC_n^n$$
$$=nC_{n-1}^0+nC_{n-1}^1+nC_{n-1}^2+\cdots+nC_{n-1}^{n-1}$$
$$=n(1+1)^{n-1}$$
$$=n\cdot 2^{n-1}$$

这个恒等式的组合模型是:

左式可以看做先从 n 个人中选出若干个人组成一个小组,再从这个小组中选出 1 个人作为组长. 对小组人数分类计算:

先从 n 个人中选出 m 个人组成一个小组,有 C_n^m 种选法,再从 m 个人的小组中选一个组长有 C_m^1 种选法,所以共有 $C_m^1 C_n^m=mC_n^m$,取 $m=1,2,\cdots,n$,代入

上式相加即得左式.

右式表示为先从 n 个人中选出一个人任组长,有 C_n^1 种,其余的 $n-1$ 个人有参加和不参加小组的两种选择,有 2^{n-1} 种,所以共有 $n \cdot 2^{n-1}$ 种.

这两种组成小组,选组长的结果是相同的.

3. 利用数学归纳法证明

由于组合恒等式大多数都与正整数有关,所以对组合恒等式的证明也可以使用数学归纳法.

例 6.14 求证

$$C_n^1 - \frac{1}{2}C_n^2 + \frac{1}{3}C_n^3 - \frac{1}{4}C_n^4 + \cdots + \frac{(-1)^{n-1}}{n}C_n^n = \frac{1}{1} + \frac{1}{2} + \frac{1}{3} + \cdots + \frac{1}{n}$$

证明 当 $n=1$ 时,左边 $=C_1^1=1$,右边 $=\frac{1}{1}=1$.

假设当 $n=k$ 时,等式成立,即

$$C_k^1 - \frac{1}{2}C_k^2 + \frac{1}{3}C_k^3 - \frac{1}{4}C_k^4 + \cdots + \frac{(-1)^{k-1}}{k}C_k^k = \frac{1}{1} + \frac{1}{2} + \frac{1}{3} + \cdots + \frac{1}{k}$$

那么,当 $n=k+1$ 时

$$C_{k+1}^1 - \frac{1}{2}C_{k+1}^2 + \frac{1}{3}C_{k=1}^3 - \frac{1}{4}C_{k+1}^4 + \cdots + \frac{(-1)^{k-1}}{k}C_{k+1}^k + \frac{(-1)^k}{k+1}C_{k+1}^{k+1}$$

$$= (C_k^1 + C_k^0) - \frac{1}{2}(C_k^2 + C_k^1) + \frac{1}{3}(C_k^3 + C_k^2) + \cdots +$$

$$\frac{(-1)^{k-1}}{k}(C_k^{1k} + C_k^{k-1}) + \frac{(-1)^k}{k+1}$$

$$= \left[C_k^1 - \frac{1}{2}C_k^2 + \frac{1}{3}C_k^3 - \frac{1}{4}C_k^4 + \cdots + \frac{(-1)^{k-1}}{k}C_k^k\right] +$$

$$\left[C_k^0 - \frac{1}{2}C_k^1 + \frac{1}{3}C_k^2 - \frac{1}{4}C_k^3 + \cdots + \frac{(-1)^{k-1}}{k}C_k^{k-1} + \frac{(-1)^k}{k+1}\right]$$

$$= \left(\frac{1}{1} + \frac{1}{2} + \frac{1}{3} + \cdots + \frac{1}{k}\right) +$$

$$\frac{1}{k+1}\left[C_{k+1}^1 - C_{k+1}^2 + C_{k+1}^3 + \cdots + (-1)^{k-1}C_{k+1}^k + (-1)^k C_{k+1}^{k+1}\right]$$

因为

$$C_{k+1}^0 - C_{k+1}^1 + C_{k+1}^2 - C_{k+1}^3 + \cdots + (-1)^k C_{k+1}^k + (-1)^{k+1}C_{k+1}^{k+1}$$

$$= (1-1)^{k+1} = 0$$

所以

$$C_{k+1}^1 - C_{k+1}^2 + C_{k+1}^3 + \cdots + (-1)^{k-1}C_{k+1}^k + (-1)^k C_{k+1}^{k+1} = C_{k+1}^0 = 1$$

于是

$$C_{k+1}^1 - \frac{1}{2}C_{k+1}^2 + \frac{1}{3}C_{k+1}^3 - \frac{1}{4}C_{k+1}^4 + \cdots + \frac{(-1)^{k-1}}{k}C_{k+1}^k + \frac{(-1)^k}{k+1}C_{k+1}^{k+1}$$

$$= \frac{1}{1} + \frac{1}{2} + \frac{1}{3} + \cdots + \frac{1}{k} + \frac{1}{k+1}$$

于是，$n=k+1$ 时，等式成立．

由以上，对于所有正整数 n，等式成立．

4. 利用导数证明

对于二项展开式

$$(1+x)^n = 1 + C_n^1 x + C_n^2 x^2 + C_n^3 x^3 + \cdots + C_n^r x^r + \cdots + C_n^n x^n \quad (n \in \mathbf{N}_+)$$

的两边对 x 求导数得

$$n(1+x)^{n-1} = C_n^1 + 2C_n^2 x + 3C_n^3 x^2 + \cdots + rC_n^r x^{r-1} + \cdots + nC_n^n x^{n-1}$$

例 6.15 若 $n \in \mathbf{N}_+$，则 $C_n^1 + 2C_n^2 + 3C_n^3 + \cdots + nC_n^n = n \cdot 2^{n-1}$．

这个题目我们在前面用组合恒等式证明时已经遇到，下面用导数证明．

证明 对等式

$$n(1+x)^{n-1} = C_n^1 + 2C_n^2 x + 3C_n^3 x^2 + \cdots + rC_n^r x^{r-1} + \cdots + nC_n^n x^{n-1}$$

取 $x=1$ 可得

$$C_n^1 + 2C_n^2 + 3C_n^3 + \cdots + nC_n^n = n \cdot 2^{n-1}$$

例 6.16 求证

$$C_n^1 + 4C_n^2 + 9C_n^3 + \cdots + n^2 C_n^n = n \cdot 2^{n-1} + n(n-1)2^{n-2}$$

证明 对等式

$$n(1+x)^{n-1} = C_n^1 + 2C_n^2 x + 3C_n^3 x^2 + \cdots + rC_n^r x^{r-1} + \cdots + nC_n^n x^{n-1}$$

两边同乘以 x 得

$$nx(1+x)^{n-1} = C_n^1 x + 2C_n^2 x^2 + 3C_n^3 x^3 + \cdots + rC_n^r x^r + \cdots + nC_n^n x^n$$

对 x 求导数得

$$nx(1+x)^{n-1} + n(n-1)x(1+x)^{n-2}$$
$$= C_n^1 x + 2^2 C_n^2 x^2 + 3^2 C_n^3 x^3 + \cdots + r^2 C_n^r x^r + \cdots + n^2 C_n^n x^n$$

取 $x=1$ 可得要证的等式

$$C_n^1 + 4C_n^2 + 9C_n^3 + \cdots + n^2 C_n^n = n \cdot 2^{n-1} + n(n-1)2^{n-2}$$

仿此，可以求

$$C_n^1 + 2^3 C_n^2 + 3^3 C_n^3 + \cdots + n^3 C_n^n$$

只要将等式

$$nx(1+x)^{n-1} + n(n-1)x(1+x)^{n-2}$$
$$= C_n^1 x + 2^2 C_n^2 x^2 + 3^2 C_n^3 x^3 + \cdots + r^2 C_n^r x^r + \cdots + n^2 C_n^n x^n$$

的两边再乘以 x，再对 x 求导数，再取 $x=1$，就可得

$$C_n^1+2^3C_n^2+3^3C_n^3+\cdots+n^3C_n^n$$
$$=n\cdot 2^{n-1}+3n(n-1)2^{n-2}+n(n-1)(n-2)2^{n-3}$$

此外，我们还可以利用第四章路径计数问题所提供的方法，对一些组合恒等式从几何的角度给予证明．

练习六

1. 求证：$3^n+3^{n-1}C_n^1+3^{n-2}C_n^2+\cdots+3C_n^{n-1}+C_n^n=4^n$．
2. 求证

$$C_n^0+C_n^3+C_n^6+\cdots=\frac{1}{3}\left(2^n+2\cos\frac{n}{3}\pi\right)$$

$$C_n^1+C_n^4+C_n^7+\cdots=\frac{1}{3}\left(2^n-2\cos\frac{n+1}{3}\pi\right)$$

$$C_n^2+C_n^5+C_n^8+\cdots=\frac{1}{3}\left(2^n-2\cos\frac{n-1}{3}\pi\right)$$

3. 求证：$C_m^0+C_{m+1}^1+C_{m+2}^2+\cdots+C_{m+n}^n=C_{m+n+1}^n$．
4. 求证：$C_n^0+2C_n^1+3C_n^2+\cdots+(n+1)C_n^n=2^{n-1}(n+2)$．
5. 求证：$C_n^1-2C_n^2+3C_n^3-\cdots+(-1)^nnC_n^n=0$．
6. 求证：$C_n^0+\frac{1}{2}C_n^1+\frac{1}{3}C_n^2+\cdots+\frac{1}{n+1}C_n^n=\frac{2^{n+1}-1}{n+1}$．
7. 求证：$C_n^0-\frac{1}{2}C_n^1+\frac{1}{3}C_n^2-\frac{1}{4}C_n^3+\cdots+\frac{(-1)^n}{n+1}C_n^n=\frac{1}{n+1}$．
8. 求证：$C_{4m}^0-C_{4m}^2+C_{4m}^4-C_{4m}^6+\cdots=(-1)^m4^m$．
9. 求证：$C_n^0C_n^{2r}-C_n^1C_n^{2r-1}+C_n^2C_n^{2r-2}-\cdots+C_n^{2r}C_n^0=(-1)^rC_n^r$．
10. 求证：$C_n^1-2^nC_n^2+3^nC_n^3-4^nC_n^4-\cdots+(-1)^{n-1}n^nC_n^n=(-1)^{n-1}n!$．
11. 求证

$$\frac{1}{m+1}C_n^0-\frac{1}{m+2}C_n^1+\frac{1}{m+3}C_n^2-\frac{1}{m+4}C_n^3+\cdots+\frac{(-1)^n}{m+n+1}C_n^n$$
$$=\frac{n!\,m!}{(n+m+1)!}$$

第七章 组合数与数列

利用组合数可以解决许多特殊数列的求和问题.事实上,上一节的组合恒等式的证明,有许多都可以看做是数列的求和.

这一章,将介绍组合数与等差数列,等比数列及高阶等差数列有关的问题.

在上一章介绍的组合恒等式中,有一个恒等式在数列求和中有较大的作用,这个公式是:

若 $n, m \in \mathbf{N}_+$,则
$$C_n^0 + C_{n+1}^1 + C_{n+2}^2 + C_{n+3}^3 + \cdots + C_{n+m}^m = C_{n+m+1}^m$$

用 n 替换 $n+m$,r 替换 n,则有
$$C_r^0 + C_{r+1}^1 + C_{r+2}^2 + C_{r+3}^3 + \cdots + C_n^{n-r} = C_{n+1}^{n-r}$$

即
$$C_r^r + C_{r+1}^r + C_{r+2}^r + C_{r+3}^r + \cdots + C_n^r = C_{n+1}^{r+1} \qquad ①$$

下面,我们用恒等式①计算一些数列的和.

在式①中,取 $r=1$ 有
$$C_1^1 + C_2^1 + C_3^1 + C_4^1 + \cdots + C_n^1 = C_{n+1}^2$$

即
$$1 + 2 + 3 + 4 + \cdots + n = \frac{n(n+1)}{2}$$

这是前 n 个正整数的和.

在式①中,取 $r=2$ 有
$$C_2^2 + C_3^2 + C_4^2 + C_5^2 + \cdots + C_n^2 = C_{n+1}^3$$

即
$$1+3+6+10+\cdots+\frac{1}{2}n(n-1)=\frac{1}{6}(n-1)n(n+1)$$

这是前 $n-1$ 个三角数的和,所谓三角数是指这样的数:把一些点摆成一个正三角形,第一行放 1 个点,第二行放 2 个点,第三行放 3 个点,……,第 k 行放 k 个点,所有这些点的和 $\frac{1}{2}k(k+1)$ 叫做三角数.

在式①中,取 $r=3$ 有
$$C_3^3+C_4^3+C_5^3+C_6^3+\cdots+C_n^3=C_{n+1}^4$$

即
$$1+4+10+20+\cdots+\frac{1}{3!}n(n-1)(n-2)=\frac{1}{4!}(n+1)n(n-1)(n-2)$$

例 7.1 求和: $\sum_{k=1}^{n-2}k(k+1)(k+2)$.

解法 1 一般的解法是把 $k(k+1)(k+2)$ 变形为
$$k(k+1)(k+2)=\frac{1}{4}k(k+1)(k+2)[(k+3)-(k-1)]$$
$$=\frac{1}{4}k(k+1)(k+2)(k+3)-$$
$$\frac{1}{4}(k-1)k(k+1)(k+2)$$

取 $k=1,2,3,\cdots,n-2$ 得
$$1\times2\times3=\frac{1}{4}\times1\times2\times3\times4-\frac{1}{4}\times0\times1\times2\times3$$
$$2\times3\times4=\frac{1}{4}\times2\times3\times4\times5-\frac{1}{4}\times1\times2\times3\times4$$
$$3\times4\times5=\frac{1}{4}\times3\times4\times5\times6-\frac{1}{4}\times2\times3\times4\times5$$
$$\vdots$$
$$(n-2)(n-1)n=\frac{1}{4}(n-2)(n-1)n(n+1)-$$
$$\frac{1}{4}(n-3)(n-2)(n-1)n$$

将以上的 $n-2$ 个等式相加得
$$\sum_{k=1}^{n-2}k(k+1)(k+2)=\frac{1}{4}(n-2)(n-1)n(n+1)$$

解法 2 事实上,如果注意到 $k(k+1)(k+2)=3!\,C_{k+2}^3$,则可以利用恒等

式①,取 $r=3$ 得

$$\sum_{k=1}^{n-2}k(k+1)(k+2)=3!\ (C_3^3+C_4^3+C_5^3+\cdots+C_n^3)$$
$$=3!\ C_{n+1}^4$$
$$=\frac{1}{4}(n+1)n(n-1)(n-2)$$

例 7.2 求

$$S=1\cdot 2\cdot\cdots\cdot m+2\cdot 3\cdot\cdots\cdot(m+1)+\cdots+$$
$$n\cdot(n+1)\cdot\cdots\cdot(m+n-1)$$

解 设一般项为 a_k,则

$$a_k=k(k+1)\cdots(m+k-1)=A_{m+k-1}^m=\frac{(m+k-1)!}{(k-1)!}=m!\ C_{m+k-1}^m$$

于是

$$S=\sum_{k=1}^{n}a_k=m!\ (C_m^m+C_{m+1}^m+\cdots+C_{m+n-1}^m)$$
$$=m!\ C_{m+n}^{m+1}$$
$$=\frac{m!\ (m+n)!}{(m+1)!\ (n-1)!}$$
$$=\frac{(m+n)!}{(m+1)(n-1)!}$$

当 $m=3$ 就是例 7.1.

下面利用公式①求一些正整数的方幂和,即求 $\sum\limits_{k=1}^{n}k^m$.

例 7.3 求前 n 个正整数的平方和,即 $\sum\limits_{k=1}^{n}k^2$.

解 考查一般项

$$k^2=k(k-1)+k=2C_k^2+C_k^1$$

那么

$$1^2+2^2+3^2+\cdots+n^2$$
$$=C_1^1+(2C_2^2+C_2^1)+(2C_3^2+C_3^1)+\cdots+(2C_n^2+C_n^1)$$
$$=2(C_2^2+C_3^2+\cdots+C_n^2)+(C_1^1+C_2^1+\cdots+C_n^1)$$
$$=2C_{n+1}^3+C_{n+1}^2$$
$$=\frac{2}{6}(n+1)n(n-1)+\frac{1}{2}(n+1)n$$
$$=\frac{1}{6}n(n+1)(2n+1)$$

求前 n 个正整数的平方和有许多方法,但是,用组合恒等式①求和比较简捷.下面用这个方法求前 n 个正整数的立方和.

例 7.4 求前 n 个正整数的立方和,即 $\sum\limits_{k=1}^{n}k^3$.

解 考查一般项
$$k^3=k(k^2-1)+k=(k-1)k(k+1)+k=6C_{k+1}^3+C_k^1$$

那么
$$\begin{aligned}
&1^3+2^3+3^3+\cdots+n^3\\
&=C_1^1+(6C_3^3+C_2^1)+(6C_4^3+C_3^1)+\cdots+(6C_{n+1}^3+C_n^1)\\
&=6(C_3^3+C_4^3+\cdots+C_{n+1}^3)+(C_1^1+C_2^1+\cdots+C_n^1)\\
&=6C_{n+2}^4+C_{n+1}^2\\
&=\frac{(n+2)(n+1)n(n-1)}{4}+\frac{(n+1)n}{2}\\
&=\frac{n(n+1)}{4}(n^2+n-2+2)\\
&=\frac{n(n+1)}{4}\cdot n(n+1)\\
&=\left[\frac{n(n+1)}{2}\right]^2
\end{aligned}$$

从以上几例可以看出,组合恒等式①可以解决一些有限数列的求和问题,下面我们再研究组合恒等式①与高阶等差数列的关系.

我们知道,数列
$$1,2,3,\cdots,n,n+1,\cdots$$
$$1,3,5,\cdots,2n-1,2n+1,\cdots$$
$$-2,-5,-8,\cdots,-3n+1,-3n-2,\cdots$$

都是等差数列.

如果一个数列从第二项起,每一项与它的前一项的差是一个常数,这个数列就叫做等差数列,这个常数叫做公差.上面所举的三个数列的公差依次是 1,2,-3.

我们再看三角数数列
$$1,3,6,10,15,\cdots,\frac{1}{2}n(n-1),\frac{1}{2}n(n+1),\cdots$$

这个数列从第二项起,每一项与它的前一项的差是
$$2,3,4,5,\cdots,n,\cdots$$

这个差数列是一个公差为 1 的等差数列.

再如平方数数列
$$1^2, 2^2, 3^2, 4^2, 5^2, \cdots, (n-1)^2, n^2, \cdots$$
这个数列从第二项起,每一项与它的前一项的差是
$$3, 5, 7, 9, \cdots, 2n-1, \cdots$$
这个差数列也是一个等差数列,其公差为2.

一般地,如果一个数列 $a_1, a_2, \cdots, a_n, \cdots$ 从第二项起,每一项与它的前一项的差构成一个等差数列 $\{a_k - a_{k-1}\}$ ($k=2, 3, \cdots$),那么,数列 $\{a_n\}$ 叫做二阶等差数列.

我们再看上面提到的公式①当 $r=3$ 时出现的数列
$$1, 4, 10, 20, \cdots, \frac{1}{6}(n-1)(n-2)(n-3), \frac{1}{6}n(n-1)(n-2), \cdots$$
这个数列从第二项起,每一项与它的前一项的差是
$$3, 6, 10, \cdots, \frac{1}{2}(n-1)(n-2), \cdots$$
由上面的分析可知,这个差数列是一个二阶等差数列.

同样,立方数数列
$$1^3, 2^3, 3^3, 4^3, 5^3, \cdots, (n-1)^3, n^3, \cdots$$
这个数列从第二项起,每一项与它的前一项的差是
$$7, 19, 37, 61, \cdots, 3n^2 - 3n + 1, \cdots$$
这个数列是一个二阶等差数列,这是因为从第二项起,每一项与它的前一项的差是
$$12, 18, 24, \cdots, 6n, \cdots$$
这是一个以 6 为公差的等差数列.

这种数列从第二项起,每一项与它的前一项的差构成一个二阶等差数列,这样的数列叫做三阶等差数列.

一般地,如果一个数列 $a_1, a_2, \cdots, a_n, \cdots$ 从第二项起,每一项与它的前一项的差构成一个二阶等差数列 $\{a_k - a_{k-1}\}$ ($k=2, 3, \cdots$),那么,数列 $\{a_n\}$ 叫做三阶等差数列.

从上面的分析可以看出,对于组合恒等式
$$C_r^r + C_{r+1}^r + C_{r+2}^r + C_{r+3}^r + \cdots + C_n^r = C_{n+1}^{r+1}$$
所对应的数列
$$C_r^r, C_{r+1}^r, C_{r+2}^r, C_{r+3}^r, \cdots, C_n^r$$
当 $r=1$ 时,为 $1, 2, 3, \cdots, n$ 是等差数列;

当 $r=2$ 时,为 $1,3,6,10,15,\cdots,\frac{1}{2}n(n-1)$ 是二阶等差数列;

当 $r=3$ 时,为 $1,4,10,20,\cdots,\frac{1}{6}n(n-1)(n-2)$ 是三阶等差数列.

由此可以猜想:数列 $C_r^r,C_{r+1}^r,C_{r+2}^r,C_{r+3}^r,\cdots,C_n^r$ 是一个 r 阶等差数列.

例 7.5 证明:数列
$$C_r^r,C_{r+1}^r,C_{r+2}^r,C_{r+3}^r,\cdots,C_n^r$$
是一个 r 阶等差数列.

证明 对 r 用数学归纳法.

(1) 当 $r=1$ 时,数列
$$C_1^1,C_2^1,C_3^1,C_4^1,\cdots,C_n^1$$
即 $1,2,3,4,\cdots,n$ 为等差数列.

(2) 假设当 $r=k$ 时,数列 $C_k^k,C_{k+1}^k,C_{k+2}^k,C_{k+3}^k,\cdots,C_{n-1}^k,C_n^k$ 是 k 阶等差数列,那么,当 $r=k+1$ 时,我们证明数列
$$C_{k+1}^{k+1},C_{k+2}^{k+1},C_{k+3}^{k+1},C_{k+4}^{k+1},\cdots,C_{n-1}^{k+1},C_n^{k+1} \qquad ②$$
是 $k+1$ 阶等差数列.

由组合恒等式 $C_{n+1}^m=C_n^m+C_n^{m-1}$,这个数列从第二项起,每一项与它的前一项的差是
$$C_{k+1}^k,C_{k+2}^k,C_{k+3}^k,C_{k+4}^k,\cdots,C_{n-1}^k,C_n^k$$

由归纳假设可知,这是一个 k 阶等差数列,所以,数列②是 $k+1$ 阶等差数列.

由(1),(2),数列 $C_r^r,C_{r+1}^r,C_{r+2}^r,C_{r+3}^r,\cdots,C_n^r$ 是一个 r 阶等差数列.

对于组合数 C_n^m,当 m 固定时,即 $m=r$ 是一个常数,则数列 $\{C_n^r\}$ 是一个 r 阶等差数列.

而当 n 固定时,数列 $C_n^0,C_n^1,C_n^2,\cdots,C_n^n$ 的和是一个常数为 2^n. 现在我们研究这个数列与等差或等比数列复合所成的数列,即数列
$$x_0C_n^0,x_1C_n^1,x_2C_n^2,\cdots,x_nC_n^n$$
当 $x_0,x_1,x_2\cdots,x_n$ 是一个等差数列或等比数列时,和
$$x_0C_n^0+x_1C_n^1+x_2C_n^2+\cdots+x_nC_n^n$$
如何计算?看下面的例题:

例 7.6 设数列 $\{a_k\}(k=0,1,2,\cdots,n)$ 是公差为 d 的等差数列,数列 $\{b_k\}(k=0,1,2,\cdots,n)$ 是公比为 q 的等比数列,证明:数列
$$a_0b_0C_n^0,a_1b_1C_n^1,a_2b_2C_n^2,\cdots,a_nb_nC_n^n \qquad ③$$

的和为
$$S=\sum_{k=0}^{n}a_k b_k C_n^k = b_0(a_0+a_n q)(1+q)^{n-1} \qquad ④$$

证明 可得
$$S = a_0 b_0 C_n^0 + a_1 b_1 C_n^1 + a_2 b_2 C_n^2 + \cdots + a_n b_n C_n^n$$
$$= a_0 b_0 C_n^0 + (a_0+d) b_0 q C_n^1 + (a_0+2d) b_0 q^2 C_n^2 + \cdots + (a_0+nd) b_0 q^n C_n^n$$
$$= a_0 b_0 (C_n^0 + C_n^1 q + C_n^2 q^2 + \cdots + C_n^n q^n) +$$
$$b_0 dq(C_n^1 + 2C_n^2 q + 3C_n^3 q^2 + \cdots + nC_n^n q^{n-1})$$

由于 $C_n^0 + C_n^1 q + C_n^2 q^2 + \cdots + C_n^n q^n = (1+q)^n$，则对此式两边求导数得
$$C_n^1 + 2C_n^2 q + 3C_n^3 q^2 + \cdots + nC_n^n q^{n-1} = n(1+q)^{n-1}$$

因而，上式化简为
$$S = a_0 b_0 (1+q)^n + nb_0 dq(1+q)^{n-1}$$
$$= b_0(1+q)^{n-1}(a_0 + a_0 q + ndq)$$
$$= b_0(a_0+a_n q)(1+q)^{n-1} \qquad ④$$

对这个结果，取一些特殊的数列，可以获得一系列的恒等式.

(1) 若 $a_k=1, b_k=1, (k=0,1,2,\cdots,n), d=0, q=1$，由例 7.5 可得
$$C_n^0 + C_n^1 + C_n^2 + \cdots + C_n^n = 1 \cdot (1+1\times 1)(1+1)^{n-1} = 2^n$$

(2) 若 $a_k=1(k=0,1,2,\cdots,n)$，数列③就是一个等比数列 $\{b_k\}$ 与组合数列 $\{C_n^k\}$ 的乘积所组成的数列，其和为
$$b_0 C_n^0 + b_1 C_n^1 + b_2 C_n^2 + \cdots + b_n C_n^n = b_0(1+q)(1+q)^{n-1} = b_0(1+q)^n \qquad ⑤$$

(3) 若 $b_k=1(k=0,1,2,\cdots,n)$，数列②就是一个等比数列 $\{a_k\}$ 与组合数列 $\{C_n^k\}$ 的乘积所组成的数列，其和为
$$a_0 C_n^0 + a_1 C_n^1 + a_2 C_n^2 + \cdots + a_n C_n^n = (a_0+a_n)(1+1)^{n-1} = (a_0+a_n)2^{n-1} \qquad ⑥$$

由式⑤,⑥很容易得到下面的等式
$$C_n^0 + 2C_n^1 + 3C_n^2 + \cdots + (n+1)C_n^n = (n+2)2^{n-1}$$

（这里，$\{a_k\}$ 是正整数列）

$$C_n^0 + 2C_n^1 + 4C_n^2 + \cdots + 2^n C_n^n = (1+2)^n = 3^n$$

（这里，$\{b_k=2^k\}$ 是等比数列）

$$3C_n^0 + C_n^1 - C_n^2 + \cdots + (3-2n)C_n^n = (3-n)2^n$$

（这里，$\{a_k=3-2k\}$ 是等差数列）

$$b_0 C_n^0 - b_1 C_n^1 + b_2 C_n^2 - \cdots + (-1)^n b_n C_n^n = b_0(1-q)^n$$

（这里，$\{b_k\}$ 是等比数列）

$$a_0 C_n^0 - a_1 C_n^1 + a_2 C_n^2 - \cdots + (-1)^n a_n C_n^n = 0$$

（这里，$\{a_k\}$ 是等差数列，$\{b_k=(-1)^k\}$ 是等比数列）

$$\frac{1}{2}C_n^0 + \frac{3}{4}C_n^1 + \frac{5}{8}C_n^2 + \cdots + \frac{2n+1}{2^n}C_n^n$$

$$= \frac{1}{2}\left(1 + \frac{2n+1}{2}\right)\left(1 + \frac{1}{2}\right)^{n-1} = \frac{(2n+3)3^{n-1}}{2^{n+1}}$$

（这里，$\left\{b_k = \frac{1}{2^{k+1}}\right\}$ 为等比数列，$\{a_k = 2k+1\}$ 为等差数列）

下面再考查正整数列的倒数列 $\left\{\frac{1}{k}\right\}$ 与等差数列 $\{a_k\}$，等比数列 $\{b_k\}$，组合数列 $\{C_n^k\}$ 复合而成的数列的求和问题.

例 7.7 设数列 $\{a_k\}$ 是公差为 d 的等差数列，数列

$$\{b_k\} \quad (k=1,2,\cdots,n+1)$$

是公比为 q 的等比数列，求：数列

$$a_1 b_1 C_n^0, \frac{a_2 b_2}{2} C_n^1, \frac{a_3 b_3}{3} C_n^2, \cdots, \frac{a_{n+1} b_{n+1}}{n+1} C_n^n$$

的和 $S = \sum_{k=0}^{n} a_{k+1} b_{k+1} C_n^k$.

解 由组合公式 $m C_n^m = n C_{n-1}^{m-1}$ 得 $\frac{1}{n}C_n^m = \frac{1}{m}C_{n-1}^{m-1}$，即

$$\frac{1}{n+1}C_{n+1}^{m+1} = \frac{1}{m+1}C_n^m$$

$$a_1 b_1 C_n^0 + \frac{a_2 b_2}{2}C_n^1 + \frac{a_3 b_3}{3}C_n^2 + \cdots + \frac{a_n b_n}{n}C_n^{n-1} + \frac{a_{n+1} b_{n+1}}{n+1}C_n^n$$

$$= \frac{a_1 b_1}{n+1}C_{n+1}^1 + \frac{a_2 b_2}{n+1}C_{n+1}^2 + \frac{a_3 b_3}{n+1}C_{n+1}^3 + \cdots + \frac{a_n b_n}{n+1}C_{n+1}^n + \frac{a_{n+1} b_{n+1}}{n+1}C_{n+1}^{n+1}$$

$$= \frac{1}{n+1}(a_1 b_1 C_{n+1}^1 + a_2 b_2 C_{n+1}^2 + a_3 b_3 C_{n+1}^3 + \cdots + a_n b_n C_{n+1}^n + a_{n+1} b_{n+1} C_{n+1}^{n+1})$$

$$= \frac{1}{n+1}[a_1 b_1 C_{n+1}^1 + (a_1+d)b_1 q C_{n+1}^2 + (a_1+2d)b_1 q^2 C_{n+1}^3 + \cdots +$$

$$a_1 + (n-1)d b_1 q^{n-1} C_{n+1}^n + (a_1+nd)b_1 q^n C_{n+1}^{n+1}]$$

$$= \frac{b_1}{n+1}[a_1(C_{n+1}^1 + q C_{n+1}^2 + q^2 C_{n+1}^3 + \cdots + q^{n-1}C_{n+1}^n + q^n C_{n+1}^{n+1})] +$$

$$\frac{b_1 d}{n+1}[q C_{n+1}^2 + 2q^2 C_{n+1}^3 + \cdots + (n-1)q^{n-1}C_{n+1}^n + n q^n C_{n+1}^{n+1}]$$

$$= \frac{b_1}{n+1}\left[\frac{a_1}{q}(C_{n+1}^0 + q C_{n+1}^1 + q^2 C_{n+1}^2 + q^3 C_{n+1}^3 + \cdots + \right.$$

$$q^n C_{n+1}^n + q^{n+1} C_{n+1}^{n+1}) - \frac{a_1}{q} C_{n+1}^0 \Big] +$$

$$\frac{b_1 d}{n+1} \Big[-\frac{1}{q} C_{n+1}^0 + 0 q^0 C_{n+1}^1 + q C_{n+1}^2 + 2 q^2 C_{n+1}^3 + \cdots +$$

$$(n-1) q^{n-1} C_{n+1}^n + n q^n C_{n+1}^{n+1} + \frac{1}{q} C_{n+1}^0 \Big]$$

$$= \frac{b_1}{n+1} \Big[\frac{a_1}{q} (1+q)^{n+1} - \frac{a_1}{q} \Big] + \frac{b_1 d}{n+1} \Big[\frac{1}{q}(-1+nq)(1+q)^2 + \frac{1}{q} C_{n+1}^0 \Big]$$

$$= \frac{b_1}{(n+1)q} \{ a_1 [(1+q)^{n+1} - 1] + d[(nq-1)(1+q)^n + 1] \}$$

这个式子中的第二项的最后两步的推导是根据式④,取数列$\{a_k\}$为$-1, 0, 1, 2, \cdots, n$,数列$\{b_k\}$为$\frac{1}{q}, 1, q, q^2, \cdots, q^n$而得到的. 于是有

$$a_1 b_1 C_n^0 + \frac{a_2 b_2}{2} C_n^1 + \frac{a_3 b_3}{3} C_n^2 + \cdots + \frac{a_n b_n}{n} C_n^{n-1} + \frac{a_{n+1} b_{n+1}}{n+1} C_n^n$$

$$= \frac{b_1}{(n+1)q} \{ a_1 [(1+q)^{n+1} - 1] + d[(nq-1)(1+q)^n + 1] \}$$

当$a_k = 1, b_k = 1$时,由于$d = 0, q = 1$,则有

$$C_n^0 + \frac{1}{2} C_n^1 + \frac{1}{3} C_n^2 + \cdots + \frac{1}{n+1} C_n^n = \frac{2^{n+1} - 1}{n+1}$$

这就是上一章的练习6.

而当$a_k = 1, b_k = (-1)^{k-1}$时,由于$d = 0, q = -1$,则有

$$C_n^0 - \frac{1}{2} C_n^1 + \frac{1}{3} C_n^2 - \frac{1}{4} C_n^3 + \cdots + \frac{(-1)^n}{n+1} C_n^n = \frac{1}{n+1}$$

这就是上一章的练习7.

当$a_k = 1, d = 0$时,则有

$$b_1 C_n^0 + \frac{b_2}{2} C_n^1 + \frac{b_3}{3} C_n^2 + \cdots + \frac{b_n}{n} C_n^{n-1} + \frac{b_{n+1}}{n+1} C_n^n = \frac{b_1}{(n+1)q} [(1+q)^{n+1} - 1]$$

当$b_k = 1, q = 1$时,则有

$$a_1 C_n^0 + \frac{a_2}{2} C_n^1 + \frac{a_3}{3} C_n^2 + \cdots + \frac{a_n}{n} C_n^{n-1} + \frac{a_{n+1}}{n+1} C_n^n$$

$$= \frac{1}{n+1} \{ [2a_1 + (n-1)d] 2^n - a_1 + d \}$$

从以上可知,组合数C_n^m,当m为常数$r, n = r, r+1, \cdots$时,数列$\{C_n^m\}$构成一个r阶等差数列,而当n为常数,$m = 0, 1, 2, \cdots, n$时,又可与等差数列$\{a_k\}$,等比数列$\{b_k\}$,正整数的倒数数列$\left\{\frac{1}{k}\right\}$复合成许多复杂而有规律的数列,这些

数列的求和构成了组合数求和的一个重要组成部分.

例 7.8 三个人互相传球,由甲开始发球,并作为第一次传球,经过 5 次传球后,球仍回到甲手中,则不同的传球方式有多少种?

解 可以用列举法,即把可能出现的传球方式一一列举出来(图 18).

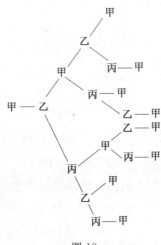

图 18

传球方式可能出现的情况如下:

若第一次传给乙,经过 5 次传球后,球仍回到甲手中,不同的传球方式有 5 种;

若第一次传给丙,则又有 5 种.故共有 10 种不同的传球方式.

下面用递推法解决这个问题.

考虑一般情况:三个人互相传球,由甲开始发球,并作为第一次传球,经过 k 次传球后,球仍回到甲手中,则不同的传球方式有多少种?

设第 $k(k \in \mathbf{N}_+)$ 次将球传给甲的方式有 a_k 种,传 k 次球共有 2^k 种不同的传法,这 2^k 种传法中,有 $2^k - a_k$ 种传法的第 k 次不是传给了甲,而第 k 次没有传给甲时,在第 $k+1$ 次传球时可传给甲.

故第 $k+1$ 次传给甲的传法 $a_{k+1} = 2^k - a_k$. 则

$$\frac{a_{k+1}}{2^{k+1}} = -\frac{1}{2} \cdot \frac{a_k}{2^k} + \frac{1}{2}.$$

令 $b_k = \frac{a_k}{2^k}$,则 $b_{k+1} = \frac{a_{k+1}}{2^{k+1}}$ 代入上式,整理得

$$b_{k+1} = -\frac{1}{2} b_k + \frac{1}{2}.$$

变形得

$$b_{k+1} - \frac{1}{3} = -\frac{1}{2} \left(b_k - \frac{1}{3} \right).$$

数列 $\left\{b_k - \dfrac{1}{3}\right\}$ 是首项为 $b_1 - \dfrac{1}{3}$，公比为 $-\dfrac{1}{2}$ 的等比数列，显然

$$a_1 = 0, b_1 = \frac{a_1}{2^1} = 0, b_1 - \frac{1}{3} = -\frac{1}{3}$$

所以
$$b_k - \frac{1}{3} = \left(b_1 - \frac{1}{3}\right)\left(-\frac{1}{2}\right)^{k-1}, b_k = \frac{1}{3}\left[1 - \left(-\frac{1}{2}\right)^{k-1}\right]$$

得
$$a_k = \frac{2}{3}\left[2^{k-1} - (-1)^{k-1}\right]$$

当 $k = 5$ 时，$a_5 = \dfrac{2}{3}\left[2^4 - (-1)^4\right] = 10$.

下面再将这个问题推广到更为一般的情况：

m 个人互相传球 $(m \geq 2)$，甲先发球，并作为第一次传球，经过 n 次 $(n \geq 2)$ 传球后，球仍回到甲手中，则不同的传球方法有多少种？

设第 $k (k \in \mathbf{N}_+)$ 次传给甲的方式有 a_k 种，由前面分析可知
$$a_{k+1} = (m-1)^k - a_k$$

令 $b_k = \dfrac{a_k}{(m-1)^k}$，得

$$(m-1)b_{k+1} + b_k = 1$$

变形得
$$b_{k+1} - \frac{1}{m} = -\frac{1}{m-1}\left(b_k - \frac{1}{m}\right)$$

$\left\{b_k - \dfrac{1}{m}\right\}$ 是首项为 $b_1 - \dfrac{1}{m}$，公比为 $-\dfrac{1}{m-1}$ 的等比数列，则

$$b_k - \frac{1}{m} = \left(b_1 - \frac{1}{m}\right)\left(-\frac{1}{m-1}\right)^{k-1}$$

显然
$$b_1 = \frac{a_1}{(m-1)} = 0, b_1 - \frac{1}{m} = -\frac{1}{m}$$

所以
$$b_k - \frac{1}{m} = -\frac{1}{m}\left(-\frac{1}{m-1}\right)^{k-1}$$

$$b_k = \frac{m-1}{m}\left[(m-1)^{k-1} - (-1)^{k-1}\right]$$

于是
$$a_k = \frac{(m-1)^k}{m}\left[1 - \left(-\frac{1}{m-1}\right)^{k-1}\right]$$

即
$$a_k = \frac{m-1}{m}\left[(m-1)^{k-1} - (-1)^{k-1}\right]$$

当 $k=n$ 时，$a_n = \dfrac{m-1}{m}[(m-1)^{n-1}-(-1)^{n-1}]$.

所以，m 个人互相传球 ($m \geq 2$)，甲先发球，并作为第一次传球，经过 n 次 ($n \geq 2$) 传球后，球仍回到甲手中，则不同的传球方法有

$$a_n = \dfrac{m-1}{m}[(m-1)^{n-1}-(-1)^{n-1}] \text{（种）}$$

练习七

1. 求 $S = 1+(1+2)+(1+2+3)+\cdots+(1+2+3+\cdots+n)$.
2. 求 $S = 1\times 2\times 3+2\times 3\times 4+3\times 4\times 5+\cdots+n(n+1)(n+2)$.
3. 求 $S = 1^2+(1^2+2^2)+(1^2+2^2+3^2)+\cdots+(1^2+2^2+3^2+\cdots+n^2)$.
4. 求 $S = 1^2+3^2+5^2+\cdots+(2n-1)^2$.
5. 已知数列 $\{a_k\}$ 是等差数列，$\{b_k\}$ 是等比数列 $k=0,1,2,\cdots,n$，且公比为 q，求证

$$\dfrac{a_0}{b_0}C_n^0+\dfrac{a_1}{b_1}C_n^1+\dfrac{a_2}{b_2}C_n^2+\cdots+\dfrac{a_n}{b_n}C_n^n=\dfrac{a_0 q+a_n}{b_n}(1+q)^{n-1}$$

6. 已知数列 $\{a_k\}$ 是等差数列，$\{b_k\}$ 是等比数列 $k=0,1,2,\cdots,n$，且公比为 q，求证

$$a_0 b_0 C_n^0 - a_1 b_1 C_n^1 + a_2 b_2 C_n^2 + \cdots + (-1)^n a_n b_n C_n^n = b_0(a_0 - a_n q)(1+q)^{n-1}$$

组合数的因式分解

我们知道,任何一个大于 1 的正整数 N 总可以分解成质因数连乘积的形式,例如
$$144 = 2 \times 2 \times 2 \times 2 \times 3 \times 3 = 2^4 \times 3^2$$
$$13\,860 = 2^2 \times 3^2 \times 5 \times 7 \times 11$$

一般地有:

质因数分解定理:每一个大于 1 的正整数 N 总可以分解成质因数连乘积的形式,并且如果把质因数按照从小到大的顺序排在一起(相同的因数的积写成幂的形式),那么这种分解方法是唯一的.

设 $p_1, p_2, \cdots, p_m$ 是质数,且 $\alpha_1, \alpha_2, \cdots, \alpha_m$ 为正整数,则
$$N = p_1^{\alpha_1} p_2^{\alpha_2} \cdots p_m^{\alpha_m} \quad (p_1 < p_2 < \cdots < p_m)$$

那么组合数是怎样进行质因数分解的呢?

鉴于 $C_n^m = \dfrac{n!}{m!\,(n-m)!}$,所以,首先需要研究的是 $k!$ 的因数分解问题. 为此,引入记号 【x】.【x】表示不超过 x 的最大整数. 例如
$$【\sqrt{2}】 = 1, 【\pi】 = 3, 【-\sqrt{3}】 = -2, 【5】 = 5$$
$$【-0.2】 = -1, 【0.2】 = 0$$

由【x】的定义,显然有
$$【x】 \leqslant x < 【x】 + 1$$

令 $x = \dfrac{k}{p}$，则有

$$\left[\dfrac{k}{p}\right] \leqslant \dfrac{k}{p} < \left[\dfrac{k}{p}\right] + 1$$

$$\left[\dfrac{k}{p}\right] p \leqslant k < \left(\left[\dfrac{k}{p}\right] + 1\right) p \qquad ①$$

设 $k! = 1 \cdot 2 \cdot \cdots \cdot k = p_1^{a_1} p_2^{a_2} \cdots p_m^{a_m}$.

下面我们确定指数 $a_1, a_2, \cdots, a_m$.

由式①，在 $1, 2, \cdots, k$ 中，p 的倍数有 $p, 2p, \cdots, \left[\dfrac{k}{p}\right]p$，共有 $\left[\dfrac{k}{p}\right]$ 个；

在 $\left[\dfrac{k}{p}\right]$ 个 p 的倍数的因数中还有 $\left[\dfrac{k}{p^2}\right]$ 个是 p^2 的倍数；

在 $\left[\dfrac{k}{p^2}\right]$ 个 p^2 的倍数的因数中还有 $\left[\dfrac{k}{p^3}\right]$ 个是 p^3 的倍数；

如此继续下去，就有

$$k! = p_1^{\left[\frac{k}{p_1}\right] + \left[\frac{k}{p_1^2}\right] + \cdots} \cdot p_2^{\left[\frac{k}{p_2}\right] + \left[\frac{k}{p_2^2}\right] + \cdots} \cdot \cdots \cdot p_m^{\left[\frac{k}{p_m}\right] + \left[\frac{k}{p_m^2}\right] + \cdots}$$

因此有：

定理 8.1 在 $k! = p_1^{a_1} p_2^{a_2} \cdots p_m^{a_m}$ 的分解式中，$p_1, p_2, \cdots, p_m$ 是质数

$$a_i = \left[\dfrac{k}{p_i}\right] + \left[\dfrac{k}{p_i^2}\right] + \cdots + \left[\dfrac{k}{p_i^r}\right]$$

其中 r 是满足 $p_i^r \leqslant k$ 且 $p_i^{r+1} > k$ 的正整数，$i = 1, 2, \cdots, m$.

这个式子也可以简写为

$$k! = \prod_{i=1}^{m} p_i^{\sum_{t=1}^{r} \left[\frac{k}{p_i^t}\right]} \qquad ②$$

我们利用公式②解决两个题目.

例 8.1 求 $10!$ 的末尾有多少个 0.

解 由于末尾的 0 个数取决于 $10!$ 的质因数分解式中 2 和 5 的个数.

因数 2 的个数为

$$\left[\dfrac{10}{2}\right] + \left[\dfrac{10}{2^2}\right] + \left[\dfrac{10}{2^3}\right] = 5 + 2 + 1 = 8$$

因数 5 的个数为

$$\left[\dfrac{10}{5}\right] = 2$$

由于因数 5 的个数少于因数 2 的个数，所以 $10!$ 的末尾 0 的个数与因数 5 的个数相同. 因此，$10!$ 的末尾有 2 个 0.

例 8.2 把 $100!$ 表示成 $2^r \cdot 3^s \cdot 5^t \cdot 7^k \cdot Q$ 的形式,其中 Q 是不能被 2,3,5,7 整除的正整数.

解 我们分别求 r,s,t,k 的值

$$r = \left[\frac{100}{2}\right] + \left[\frac{100}{2^2}\right] + \left[\frac{100}{2^3}\right] + \left[\frac{100}{2^4}\right] + \left[\frac{100}{2^5}\right] + \left[\frac{100}{2^6}\right]$$

$$= 50 + 25 + 12 + 6 + 3 + 1 = 97$$

$$s = \left[\frac{100}{3}\right] + \left[\frac{100}{3^2}\right] + \left[\frac{100}{3^3}\right] + \left[\frac{100}{3^4}\right] = 33 + 11 + 3 + 1 = 48$$

$$t = \left[\frac{100}{5}\right] + \left[\frac{100}{5^2}\right] = 20 + 4 = 24$$

$$k = \left[\frac{100}{7}\right] + \left[\frac{100}{7^2}\right] = 14 + 2 = 16$$

于是 $\quad 100! = 2^{97} \cdot 3^{48} \cdot 5^{24} \cdot 7^{16} \cdot Q$

有了公式②就可以研究组合数 C_n^m 的因数分解了.

由 $C_n^m = \dfrac{n!}{m!(n-m)!}$,再利用同底数幂相除,底数不变指数相减的运算法则,显然有:

定理 8.2 $C_n^m = p_1^{\alpha_1} p_2^{\alpha_2} \cdots p_k^{\alpha_k}$,其中 $p_1, p_2, \cdots, p_m$ 是质数

$$\alpha_i = \left(\left[\frac{n}{p_i}\right] + \left[\frac{n}{p_i^2}\right] + \cdots + \left[\frac{n}{p_i^t}\right]\right) - \left(\left[\frac{m}{p_i}\right] + \left[\frac{m}{p_i^2}\right] + \cdots + \left[\frac{m}{p_i^s}\right]\right) -$$

$$\left(\left[\frac{n-m}{p_i}\right] + \left[\frac{n-m}{p_i^2}\right] + \cdots + \left[\frac{n-m}{p_i^r}\right]\right)$$

其中 t,s,r 是满足 $p_i^t \leqslant n$ 且 $p_i^{t+1} > n$,$p_i^s \leqslant m$ 且 $p_i^{s+1} > m$,$p_i^r \leqslant n-m$ 且 $p_i^{r+1} > n-m$ 的正整数,且 $i = 1, 2, \cdots, k$. 即

$$C_n^m = \prod_{i=1}^k p_i^{\sum\left(\left[\frac{n}{p_i^t}\right] - \left[\frac{m}{p_i^t}\right] - \left[\frac{n-m}{p_i^t}\right]\right)}$$

例 8.3 求 C_{100}^{16} 的末尾有多少个 0.

解 C_{100}^{16} 的末尾 0 的个数取决于它的质因数分解式因数 2 的个数与因数 5 的个数,即 2 和 5 的方次数.

由于因数 5 的个数少于因数 2 的个数,所以 C_{100}^{16} 的末尾 0 的个数与因数 5 的个数相同.

5 的方次数为

$$\left[\frac{100}{5}\right] + \left[\frac{100}{5^2}\right] - \left[\frac{16}{5}\right] - \left[\frac{100-16}{5}\right] - \left[\frac{100-16}{5^2}\right]$$

$$= 20 + 4 - 3 - 16 - 3 = 2$$

所以 C_{100}^{16} 的末尾有 2 个 0.

例 8.4 求证 C_{50}^{12} 能被 4 整除且不能被 3 整除.

解 C_{50}^{12} 的质因数分解式中 2 的次数为

$$\left[\frac{50}{2}\right]+\left[\frac{50}{2^2}\right]+\left[\frac{50}{2^3}\right]+\left[\frac{50}{2^4}\right]+\left[\frac{50}{2^5}\right]-\left[\frac{12}{2}\right]-\left[\frac{12}{2^2}\right]-\left[\frac{12}{2^3}\right]-$$

$$\left[\frac{50-12}{2}\right]-\left[\frac{50-12}{2^2}\right]-\left[\frac{50-12}{2^3}\right]-\left[\frac{50-12}{2^4}\right]-\left[\frac{50-12}{2^5}\right]$$

$$=25+12+6+3+1-6-3-1-19-9-4-2-1=2$$

C_{50}^{12} 的质因数分解式中 3 的次数为

$$\left[\frac{50}{3}\right]+\left[\frac{50}{3^2}\right]+\left[\frac{50}{3^3}\right]-\left[\frac{12}{3}\right]-\left[\frac{12}{3^2}\right]-$$

$$\left[\frac{50-12}{3}\right]-\left[\frac{50-12}{3^2}\right]-\left[\frac{50-12}{3^3}\right]$$

$$=16+5+1-4-1-12-4-1=0$$

于是，C_{50}^{12} 的质因数分解式中 2 的次数为 2，即质因数分解式中有因数 $2^2=4$，而 3 的次数为 0，所以 C_{50}^{12} 能被 4 整除且不能被 3 整除.

例 8.5 设 $a,b,\cdots,t$ 是正整数，且 $a+b+\cdots+t=n$，求证：$\dfrac{n!}{a!\ b!\ \cdots t!}$ 是整数.

证明 首先证明对于任意实数 x_1,x_2 都有 $[x_1+x_2]\geqslant[x_1]+[x_2]$.

由 $[x]$ 的定义可知

$$x_1=[x_1]+r_1,0\leqslant r_1<1$$
$$x_2=[x_2]+r_2,0\leqslant r_2<1$$

则 $$x_1+x_2=[x_1]+[x_2]+r_1+r_2$$

于是 $$[x_1+x_2]=[[x_1]+[x_2]+r_1+r_2]=[x_1]+[x_2]+[r_1+r_2]$$

因为 $0\leqslant r_1+r_2<2$，所以 $[r_1+r_2]\geqslant 0$，从而

$$[x_1+x_2]\geqslant[x_1]+[x_2]$$

还可以用数学归纳法证明

$$[x_1+x_2+\cdots+x_n]\geqslant[x_1]+[x_2]+\cdots[x_n]$$

当 $n=1,2$ 时，由前面的证明，不等式已经成立；

假设 $n=k$ 时不等式成立，即

$$[x_1+x_2+\cdots+x_k]\geqslant[x_1]+[x_2]+\cdots[x_k]$$

那么，$n=k+1$ 时

$$[x_1+x_2+\cdots+x_k+x_{k+1}]=[(x_1+x_2+\cdots+x_k)+x_{k+1}]\geqslant$$
$$([x_1]+[x_2]+\cdots[x_k])+[x_{k+1}]\geqslant$$
$$[x_1]+[x_2]+\cdots[x_k]+[x_{k+1}]$$

所以,$n=k+1$ 时不等式成立.

因此对于所有正整数 n 不等式成立.

例 8.6 计算 $n!,a!,b!,\cdots,t!$ 的质因数分解式中,质数 p_i 的次数.

证明 $n!$ 中质数 p_i 的次数为

$$\left[\frac{n}{p_i}\right]+\left[\frac{n}{p_i^2}\right]+\left[\frac{n}{p_i^3}\right]+\cdots$$
$$=\left[\frac{a+b+\cdots+t}{p_i}\right]+\left[\frac{a+b+\cdots+t}{p_i^2}\right]+\left[\frac{a+b+\cdots+t}{p_i^3}\right]+\cdots$$

$a!,b!,\cdots,t!$ 的质因数分解式中质数 p_i 方次数为

$$\left[\frac{a}{p_i}\right]+\left[\frac{a}{p_i^2}\right]+\left[\frac{a}{p_i^3}\right]+\cdots$$
$$\left[\frac{b}{p_i}\right]+\left[\frac{b}{p_i^2}\right]+\left[\frac{b}{p_i^3}\right]+\cdots$$
$$\vdots$$
$$\left[\frac{t}{p_i}\right]+\left[\frac{t}{p_i^2}\right]+\left[\frac{t}{p_i^3}\right]+\cdots$$

由于

$$\left[\frac{n}{p_i^s}\right]=\left[\frac{a+b+\cdots+t}{p_i^s}\right]\geqslant\left[\frac{a}{p_i^s}\right]+\left[\frac{b}{p_i^s}\right]+\cdots+\left[\frac{t}{p_i^s}\right]$$

所以 $\dfrac{n!}{a!\ b!\ \cdots t!}$ 的质因数分解式中每个质数 p_i 的次数都是非负整数,因而 $\dfrac{n!}{a!\ b!\ \cdots t!}$ 是整数.

由这个例题我们可以立即得到组合数 $C_n^m=\dfrac{n!}{m!\ (n-m)!}$ 是整数.

利用 C_n^m 的因数分解的结果,我们可以研究组合数 C_n^m 的奇偶性的问题.

由于 $C_n^m=p_1^{\alpha_1}p_2^{\alpha_2}\cdots p_k^{\alpha_k}$,我们可以考查这个分解式中 2 的次数.

如果 2 的次数为正整数,则 C_n^m 为偶数,如果 2 的次数为 0,则 C_n^m 为奇数,因此,C_n^m 的奇偶性决定于

$$\left(\left[\frac{n}{2}\right]+\left[\frac{n}{2^2}\right]+\cdots\right)-\left(\left[\frac{m}{2}\right]+\left[\frac{m}{2^2}\right]+\cdots\right)-\left(\left[\frac{n-m}{2}\right]+\left[\frac{n-m}{2^2}\right]+\cdots\right)$$

为 0,还是为正整数.

例 8.7 判断 C_{15}^6 的奇偶性.

解 可得

$$\left(\left[\frac{15}{2}\right]+\left[\frac{15}{2^2}\right]+\left[\frac{15}{2^3}\right]\right)-\left(\left[\frac{6}{2}\right]+\left[\frac{6}{2^2}\right]\right)-$$

$$\left(\left[\frac{15-6}{2}\right]+\left[\frac{15-6}{2^2}\right]+\left[\frac{15-6}{2^3}\right]\right)$$

$$=(7+3+1)-(3+1)-(4+2+1)=0$$

所以 C_{15}^6 为奇数.

例 8.8 判断 C_{100}^{15} 的奇偶性.

解 可得

$$\left(\left[\frac{100}{2}\right]+\left[\frac{100}{2^2}\right]+\left[\frac{100}{2^3}\right]+\left[\frac{100}{2^4}\right]+\left[\frac{100}{2^5}\right]+\left[\frac{100}{2^6}\right]\right)-$$

$$\left(\left[\frac{15}{2}\right]+\left[\frac{15}{2^2}\right]+\left[\frac{15}{2^3}\right]\right)-$$

$$\left(\left[\frac{85}{2}\right]+\left[\frac{85}{2^2}\right]+\left[\frac{85}{2^3}\right]+\left[\frac{85}{2^4}\right]+\left[\frac{85}{2^5}\right]+\left[\frac{85}{2^6}\right]\right)$$

$$=(50+25+12+6+3+1)-(7+3+1)-$$

$$(42+21+10+5+2+1)=5$$

由于 C_{100}^{15} 含有因数 2^5, 所以 C_{100}^{15} 为偶数.

我们再思考这样一个问题:

对于组合数数列 $\{C_n^m\}$, 即数列

$$C_n^0, C_n^1, C_n^2, C_n^3, \cdots, C_n^{n-1}, C_n^n$$

是否存在一个各项均为偶数或者均为奇数的数列呢?

首先,这个数列均为偶数是不可能的,因为 $C_n^0=1, C_n^n=1$.

现在我们探讨是否存在一个各项均为奇数的组合数数列 $\{C_n^m\}$.

我们考查杨辉三角形:

						1							$n=1$
					1		2		1				$n=2$
				1		3		3		1			$n=3$
			1		4		6		4		1		$n=4$
		1		5		10		10		5		1	$n=5$
	1		6		15		20		15		6		1	$n=6$
1		7		21		35		35		21		7		1	$n=7$

⋮

可以发现,$n=1,n=3,n=7$ 时,组合数数列 $\{C_n^m\}$ 的各项都是奇数;继续计算,还可以得到 $n=15$ 时各项也都是奇数. $n=15$ 时各项为

$$1,15,105,455,1365,3003,5005,6435,6435,5005,\cdots,15,1$$

鉴于
$$1=2^1-1,3=2^2-1,7=2^3-1,15=2^4-1$$

我们是否可以猜想:$n=2^k-1$ 时,数列 $\{C_{2^k-1}^m\}$ 是一个各项都是奇数的数列.

答案是肯定的.

定理 8.3 对于任何正整数 n,组合数数列 $\{C_n^m\}$ 的各项都是奇数的充分必要条件是:$n=2^k-1(k\in \mathbf{N}_+)$.

对于这一命题,有许多证明方法,下面介绍两种.

证法 1 充分性:$n=2^k-1 \Rightarrow C_n^m = C_{2^k-1}^m$ 为奇数

$$C_{2^k-1}^m = \frac{(2^k-1)(2^k-2)\cdots(2^k-m)}{1\cdot 2\cdot \cdots \cdot m}$$

其中的一个因式为 $\frac{2^k-t}{t}(t=1,2,\cdots,m)$,设 $t=2^s\cdot u(s\geq 0,u$ 为正奇数$)$,于是

$$\frac{2^k-t}{t} = \frac{2^k-2^s\cdot u}{2^s\cdot u} = \frac{2^{k-s}-u}{u}$$

因为 u 为奇数,则 $2^{k-s}-u$ 是奇数,因而 $\frac{2^k-t}{t}$ 是奇数,所以,$C_{2^k-1}^m$ 是奇数.

下面证明必要性:C_n^m 是奇数 $\Rightarrow n=2^k-1$. 由于

$$\frac{C_n^{k+1}}{C_n^k} = \frac{\frac{n!}{(k+1)!(n-k-1)!}}{\frac{n!}{k!(n-k)!}} = \frac{n-k}{k+1}$$

于是,组合数数列 $\{C_n^m\}$ 的后一项与前一项之比为

$$\frac{n}{1},\frac{n-1}{2},\frac{n-2}{3},\cdots,\frac{n-k}{k+1},\cdots,\frac{1}{n} \qquad ①$$

若数列的各项都是奇数,则 n 为奇数,数列①的分子和分母都是奇数.

由于 n 为奇数,则 $n+1$ 为偶数,设 $n+1=2^k h(h$ 为奇数$)$,于是

$$n=2^k h-1$$

下面确定使数列①的分子和分母都是奇数的 h 的值. 为此,考查第 2^k+1 项与第 2^k 项的比

$$\frac{n-(2^k-1)}{2^k} = \frac{2^k h-1-(2^k-1)}{2^k} = \frac{h-1}{1}$$

因为若 $h>1$ 为奇数,则 $h-1$ 为偶数,这样一来,若第 2^k 项为奇数,则由上式,第 2^k+1 项为偶数,与 C_n^m 是奇数矛盾,所以只有 $h=1$,即 $n=2^k-1$.

由以上,可知 $n=2^k-1$ 是组合数数列 $\{C_n^m\}$ 的各项都是奇数的充分必要条件.

证法 2 用数学归纳法.

(1)当 $n\leqslant 7$ 时,由杨辉三角形可知,$n=1,3,7$ 时,数列 $\{C_n^m\}$ 的各项都是奇数.所以,当 $n\leqslant 7$ 时,结论成立.

(2)假设,对 $n<t$ 时,命题成立.那么,$n=t$ 时,数列 $\{C_n^m\}$ 的各项为

$$1, t, \frac{t(t-1)}{2}, \cdots, \frac{t(t-1)\cdots(t-r+1)}{r!}, \cdots, t, 1 \qquad ②$$

首先注意到,t 必须为奇数,设 $t=2s+1$,把数列②中的分子和分母中的奇数因子全部去掉,只剩下偶数因子,用 $t=2s+1$ 代换,则数列②化为

$$\frac{s}{1}, \frac{s(s-1)}{1\times 2}, \cdots, \frac{s}{1}$$

由于,$s<t$,由归纳假设,这个数列各项都是奇数的充分必要条件是

$$s=2^k-1$$

我们,再把去掉的分子,分母的奇数因子重新添上,数列②的各项都是奇数,其充要条件是

$$t=2s+1=2(2^k-1)+1=2^{k+1}-1$$

因此,$n=t$ 时,命题成立.

从而,对任何正整数 n,组合数数列 $\{C_n^m\}$ 的各项都是奇数的充分必要条件是:$n=2^k-1(k\in \mathbf{N}_+)$.

值得一提的是,在 2007 年湖南省命题的高考试卷中,就有一道与此相关的试题,即湖南省理科试卷,填空题第 15 题.

例 8.9(2007 年湖南省高考,理科第 15 题)

将杨辉三角形中的奇数换成 1,偶数换成 0,得到如下所示的 0—1 三角数表.从上往下数,第 1 次全行的数都为 1 的是第 1 行,第 2 次全行的数都为 1 的是第 3 行,……,第 n 次全行的数都为 1 的是第_____行;第 61 行中 1 的个数是_____.

```
第 1 行          1 1
第 2 行         1 0 1
第 3 行        1 1 1 1
第 4 行       1 0 0 0 1
第 5 行      1 1 0 0 1 1
             ……
```

解 第一个空是指各数全是奇数的行,由上面的结论,显然是第 2^n-1 行.

由于第 63 行全是奇数,而第 62 行的第 1 个数是 1,且第 63 行从第 2 个数起知每个数是其肩上两数之和,所以第 62 行为奇偶相同,即奇偶奇偶……奇偶奇;同时第 61 行规律应该是奇奇偶偶奇奇……奇奇偶偶共 32 个 1,32 个 0.

例 8.10 有一组数 $x_1, x_2, \cdots, x_{2^m}$,它们或等于 1 或等于 -1,作新的数组: $x_1 x_2, x_2 x_3, \cdots, x_{2^m} x_1$,如此类推,证明:一定可以得到一个新的数组,它的各个数都是 1.

证明 注意到,所产生的各数组形成的规律是:

(原数组)$x_1, x_2, x_3, x_4, \cdots, x_{2^m}, \cdots$

(第一次)$x_1^1 x_2^1, x_2^1 x_3^1, x_3^1 x_4^1, x_4^1 x_5^1, \cdots, x_{2^m}^1 x_1^1, \cdots$

(第二次)$x_1^1 x_2^2 x_3^1, x_2^1 x_3^2 x_4^1, x_3^1 x_4^2 x_5^1, x_4^1 x_5^2 x_6^1, \cdots, x_{2^m}^1 x_1^2 x_2^1, \cdots$

(第三次)$x_1^1 x_2^3 x_3^3 x_4^1, x_2^1 x_3^3 x_4^3 x_5^1, x_3^1 x_4^3 x_5^3 x_6^1, \cdots, x_{2^m}^1 x_1^3 x_2^3 x_3^1, \cdots$

在运算过程中,数组的指数恰好符合杨辉三角形的规律.显然,第 2^m-1 次运算后,由上面刚刚证明的结论可得,乘积 $x_1^{a_1} x_2^{a_2} x_3^{a_3} \cdots x_{2^m}^{a_{2^m}}$ 的指数恰为 $n = 2^m - 1$ 的组合数列,因而都是奇数.

考查其中一个因子 $x_p^{C_{2^m-1}^p}$,并令 $C_{2^m-1}^p = 2t+1$,且

$$x_p = \pm 1, x_p^{C_{2^m-1}^p} = x_p^{2t+1} = \pm 1 = x_p$$

从而,第 2^m-1 次运算后,所得数组为

$$x_1 x_2 \cdots x_{2^m}, x_2 \cdots x_{2^m} x_1, \cdots, x_{2^m} x_{2^m-1} \cdots x_1, \cdots$$

即各个位置出现的数都是 $x_1 x_2 \cdots x_{2^m}$,若此数为 $+1$,则命题得证,若此数为 -1,则再进行一次题目要求的运算得 $x_1^2 x_2^2 \cdots x_{2^m-1}^2 = +1$,本题也得证.

练习八

1. 求出排列数 A_n^m 的质因数分解式.
2. 求 $50!$ 的质因数分解式.
3. 求 $40!$ 的末尾的 0 的个数.
4. 设 $2^\alpha | 2^n!$,求 α 的最大值.(记号 $2^\alpha | 2^n!$ 表示 2^α 能整除 $2^n!$,下同)
5. 设 $5^\alpha | A_{40}^{16}$,求 α 的最大值.
6. C_{200}^{100} 的最大的两位数的质数因子是几?
7. 判断 C_{20}^7 的奇偶性.

8. 若 p 是质数,求证 $C_p^r\ (r=1,2,\cdots,p-1)$ 能被 p 整除,并用此结论证明 Fermat 小定理:若 p 是质数,且 $(a,p)=1$,则 $p\mid a^{p-1}-1$.

第九章 组合数与空间的分割

组合计数与空间的分割有着密切的联系,例如,n 条直线可以把平面分成多少个区域?n 个圆可以把平面分成多少个区域?n 个平面可以把空间分成多少个区域等,都可以用组合数进行计数.

我们首先研究点分割直线,直线分割平面和平面分割空间的问题.

一个简单的问题是,一条直线上有 n 个点,这 n 个点把直线分成 $n+1$ 部分. 而 $n+1$ 可以化为 $n+1=C_n^0+C_n^1$.

那么,一个平面上有 n 条直线,这 n 条直线可以把平面分成的区域数是否可以类比为 $C_n^0+C_n^1+C_n^2$ 呢?事实确实就是这样.

例 9.1 平面上有 n 条直线,这 n 条直线没有任何两条直线平行,也没有任何三条直线交于一点,证明这 n 条直线把平面分成的区域数为 $C_n^0+C_n^1+C_n^2$.

证明 设 n 条满足题设条件的直线把平面分成的区域数为 $f(n)$.

对 n 用数学归纳法.

(1)当 $n=1$ 时,一条直线把平面分成 $f(1)=2=C_1^0+C_1^1+C_1^2$ 部分(当 $n<m$ 时,规定 $C_n^m=0$);

(2)假设当 $n=k$ 时,k 条直线把平面分成 $f(k)=C_k^0+C_k^1+C_k^2$ 部分.

那么,当 $n=k+1$ 时,由于增加了一条直线,这条直线与已有的 k 条直线相交,最多有 k 个交点,这 k 个交点把增加的这条直线分成 $k+1$ 部分(线段或射线),每一部分都把原有的区域分成两部分,因此有

$$f(k+1) = f(k) + (k+1) = C_k^0 + C_k^1 + C_k^2 + C_{k+1}^1$$
$$= C_k^0 + C_{k+1}^2 + C_{k+1}^1 = C_{k+1}^0 + C_{k+1}^2 + C_{k+1}^1.$$

于是,当 $n=k+1$ 时,命题成立.

由(1),(2),对 $n \in \mathbf{N}_+$,命题成立.

可以继续类比平面分割空间的区域数,由此有下面的例 9.2.

例 9.2 空间中有 n 个平面,这 n 个平面没有任何两个平面平行,也没有任何三个平面交于一点,或交于一条直线,证明这 n 个平面把空间分成的区域数为 $C_n^0 + C_n^1 + C_n^2 + C_n^3$.

证明 设 n 个满足题设条件的平面把空间分成的区域数为 $f(n)$.

对 n 用数学归纳法.

(1)当 $n=1$ 时,一个平面把空间分成 $f(1) = 2 = C_1^0 + C_1^1 + C_1^2 + C_1^3$ 部分(当 $n < m$ 时,规定 $C_n^m = 0$);

(2)假设当 $n=k$ 时,k 个平面把空间分成 $f(k) = C_k^0 + C_k^1 + C_k^2 + C_k^3$ 部分.

那么,当 $n=k+1$ 时,由于增加了一个平面,这个平面与已有的 k 个平面相交,最多有 k 条交线,而由例 9.1,这 k 条交线把这个增加的平面最多分成了 $C_k^0 + C_k^1 + C_k^2$ 个部分,而每一部分平面又把原来的空间一分为二,于是有

$$f(k+1) = f(k) + C_k^0 + C_k^1 + C_k^2$$
$$= (C_k^0 + C_k^1 + C_k^2 + C_k^3) + (C_k^0 + C_k^1 + C_k^2)$$
$$= C_{k+1}^0 + (C_k^0 + C_k^1) + (C_k^1 + C_k^2) + (C_k^2 + C_k^3)$$
$$= C_{k+1}^0 + C_{k+1}^1 + C_{k+1}^2 + C_{k+1}^3.$$

于是,当 $n=k+1$ 时,命题成立.

由(1),(2),对 $n \in \mathbf{N}_+$,命题成立.

以上的研究表明:

直线上的 n 个点,最多把直线分成 $C_n^0 + C_n^1$ 个部分;

平面上的 n 条直线,最多把平面分成的区域数为 $C_n^0 + C_n^1 + C_n^2$;

空间中的 n 个平面,最多把空间分成的区域数为 $C_n^0 + C_n^1 + C_n^2 + C_n^3$.

下面再研究圆分割平面和球分割空间的问题.

例 9.3 证明:平面上的 n 个圆最多把平面分成

$$f(n) = 2(C_{n-1}^0 + C_{n-1}^1 + C_{n-1}^2)$$

部分.

证明 (1)当 $n=1$ 时,1 个圆把平面分成 2 部分,即 $2(C_0^0+C_0^1+C_0^2)=2$.

(2)假设当 $n=k$ 时,k 个圆把平面分成 $f(k)=2(C_{k-1}^0+C_{k-1}^1+C_{k-1}^2)$ 部分. 那么,当 $n=k+1$ 时,由于增加了一个圆,这个圆最多与原来的 k 个圆都相交,于是,新增加的圆被原来的 k 个圆分成 $2k$ 段弧,每段弧把原来的区域一分为二,因而增加了 $2k$ 个区域,即

$$f(k+1)=f(k)+2k=2(C_{k-1}^0+C_{k-1}^1+C_{k-1}^2+C_k^1)$$
$$=2(C_k^0+C_k^2+C_k^1)$$

于是,当 $n=k+1$ 时,命题成立.

由(1),(2),对 $n\in \mathbf{N}_+$,命题成立.

例 9.4 证明:空间的 n 个球最多把空间分成

$$f(n)=2(C_{n-1}^0+C_{n-1}^1+C_{n-1}^2+C_{n-1}^3)$$

部分.

证明 (1)当 $n=1$ 时,1 个球把空间分成 2 部分,即

$$2(C_0^0+C_0^1+C_0^2+C_0^3)=2$$

(2)假设当 $n=k$ 时,k 个球把空间分成

$$f(k)=2(C_{k-1}^0+C_{k-1}^1+C_{k-1}^2+C_{k-1}^3)$$

部分. 那么,当 $n=k+1$ 时,由于增加了一个球,这个新增加的球最多与原来的 k 个球都相交,得到 k 个圆,把这 k 个圆投影到一个平面上去,由例 9.3 可知,把平面最多分成 $2(C_{k-1}^0+C_{k-1}^1+C_{k-1}^2)$ 个部分.

因此,这 k 个圆使空间增加了 $2(C_{k-1}^0+C_{k-1}^1+C_{k-1}^2)$ 个部分,因而有

$$f(k+1)=f(k)+2(C_{k-1}^0+C_{k-1}^1+C_{k-1}^2)$$
$$=2(C_{k-1}^0+C_{k-1}^1+C_{k-1}^2+C_{k-1}^3)+2(C_{k-1}^0+C_{k-1}^1+C_{k-1}^2)$$
$$=2(C_{k-1}^0+C_{k-1}^1+C_{k-1}^2+C_{k-1}^3+C_{k-1}^0+C_{k-1}^1+C_{k-1}^2)$$
$$=2[C_{k-1}^0+(C_{k-1}^0+C_{k-1}^1)+(C_{k-1}^1+C_{k-1}^2)+(C_{k-1}^2+C_{k-1}^3)]$$
$$=2(C_k^0+C_k^1+C_k^2+C_k^3)$$

于是,当 $n=k+1$ 时,命题成立.

由(1),(2),对 $n\in \mathbf{N}_+$,命题成立.

以上,我们研究了点分割直线,直线分割平面,平面分割空间和圆分割平面,球分割空间等最多能分成多少个部分的规律. 那么,关于多边形的分割又有什么规律呢?

例 9.5 证明:凸 n 边形所有对角线在多边形内的交点的总数最多为 C_n^4.

证明 首先注意到,任意凸 4 边形的两条对角线只有一个交点.

若凸 n 边形的所有对角线任何 3 条都不交于一点,则凸 n 边形所有对角线在多边形内的交点的总数与以凸 n 边形所有的顶点为顶点的凸 4 边形的个数相等.

由于以凸 n 边形所有的顶点为顶点的凸 4 边形有 C_n^4 个,则凸 n 边形所有对角线在多边形内的交点的总数最多为 C_n^4.

下面研究凸 n 边形的对角线分割这个凸 n 边形的问题.

如图 19,凸 4 边形的两条对角线把这个凸 4 边形分成了 4 个区域.

如图 20,凸 5 边形的两条对角线把这个凸 5 边形分成了 11 个区域.

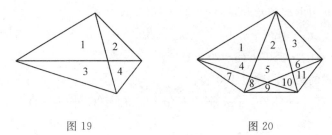

图 19 　　　　　　　图 20

那么,凸 n 边形的对角线分割这个凸 n 边形成多少个区域呢?

我们有下面的结论:

例 9.6 证明:凸 $n(n \geqslant 4)$ 边形所有对角线把这个多边形的内部最多分成 $C_n^4 + C_{n-1}^2$ 个区域.

证法 1 凸 n 边形的对角线可能把它的内部分成一些三角形,四边形,五边形,……,m 边形,设 n_k 为凸 n 边形的对角线分成的 k 边形的个数,又设凸 n 边形的对角线任何三条对角线都不相交于一点,所有对角线把它的内部分成的区域数为 W,则

$$W = n_3 + n_4 + n_5 + \cdots + n_m$$

在凸 n 边形被对角线分成的所有的 k 边形的顶点中有一些是重复的顶点(例如,点 A 可能既是某个三角形的顶点又是某个四边形的顶点,等)于是所有顶点的总数是

$$3n_3 + 4n_4 + 5n_5 + \cdots + mn_m \qquad ①$$

这些顶点分成两部分,一部分是凸 n 边形内部的点,一部分是凸 n 边形的顶点.

由于凸 n 边形内部的每一个 k 边形的顶点都是凸 n 边形的两条对角线的交点,所以,每一个内部的顶点都是四个区域的公共顶点.因而,式①中的每个内部顶点都被重复计算了 4 次,而凸 n 边形内部的顶点数就是凸 n 边形的每两

条对角线的交点数.由例 9.5,最多有 C_n^4 个.

又由于凸 n 边形的每个顶点都是由对角线及边组成的 $n-2$ 个三角形的公共顶点.因此,式①中属于凸 n 边形的顶点数为 $(n-2) \cdot n$.因此有

$$3n_3 + 4n_4 + 5n_5 + \cdots + mn_m = 4C_n^4 + (n-2) \cdot n \qquad ②$$

下面,从凸 n 边形的内角和来考虑:

一方面,所有区域的内角和为

$$n_3 \cdot 180° + n_4 \cdot 360° + n_5 \cdot 540° + \cdots + n_m \cdot (m-2)180°$$

另一方面,这些内角和也可以这样计算,每个内部的顶点恰是四个区域的公共顶点,因此,每个内部的顶点都对应 $360°$,而以边界上的顶点为顶点的角的和恰为凸 n 边形的内角和,即 $(n-2) \cdot 180°$.所以有

$$n_3 \cdot 180° + n_4 \cdot 360° + n_5 \cdot 540° + \cdots + n_m \cdot (m-2)180°$$
$$= C_n^4 \cdot 360° + (n-2) \cdot 180°$$

对上述等式的两边同除以 $180°$ 得

$$n_3 + 2n_4 + 3n_5 + \cdots + (m-2)n_m = 2C_n^4 + (n-2) \qquad ③$$

式②减去式③得

$$2n_3 + 2n_4 + 2n_5 + \cdots + 2n_m = 2C_n^4 + (n-2) \cdot (n-1)$$

两边再同除以 2 得

$$W = n_3 + n_4 + n_5 + \cdots + n_m = C_n^4 + C_{n-1}^2$$

下面我们用欧拉定理证明这一结论.欧拉定理是指多面体的顶点数 V,棱数 E 和面数 F 之间满足关系式

$$V - E + F = 2$$

这个定理对多边形也适用.不过要注意的是,F 包括多边形外部的区域.

证法 2 设凸 n 边形内部被对角线分成的区域数是 W,则 $W = F - 1$.又显然,$V = C_n^4 + n$.

下面求 E,即求这些区域的边数.

考查每一条边的两个端点,可以分为三类:

第 1 类,两个端点恰为凸 n 边形的两个顶点,显然,这两个顶点不可能是对角线的端点.因此,这类的边是凸 n 边形的边;设这类点的总数为 E_1.

第 2 类,两个端点都为凸 n 边形内部的点;设这类点的总数为 E_2.

第 3 类,一个端点为凸 n 边形的顶点,一个端点为凸 n 边形内部的点.设这类点的总数为 E_3.

区域的边数为 $E = E_1 + E_2 + E_3$.于是有

$$E_3 + 2E_2 = 4 \text{ 倍内部的点数}$$

$$2E_1 + E_3 = 2n + 2 \text{ 倍对角线数}$$

二式相加得

$$2(E_1 + E_2 + E_3) = 4 \text{ 倍内部的点数} + 2n + 2 \text{ 倍对角线数}$$

于是

$$2E = 4C_n^4 + 2n + 2(C_n^2 - n), E = 2C_n^4 + n + \frac{n(n-3)}{2}$$

代入欧拉公式得

$$C_n^4 + n - \left[2C_n^4 + n + \frac{n(n-3)}{2}\right] + F = 2$$

再由 $W = F - 1$ 得

$$W = 1 - C_n^4 - n + \left[2C_n^4 + n + \frac{n(n-3)}{2}\right] = C_n^4 + C_{n-1}^2$$

从而命题得证.

证法 3 用数学归纳法.

设凸 $n(n \geqslant 4)$ 边形所有对角线把这个多边形的内部最多分成 m_n 个区域.

(1)当 $n = 4$ 时,四边形的两条对角线把它分成 $m_4 = 4$(个)小三角形. 另一方面, $C_n^4 + C_{n-1}^2 = C_4^4 + C_3^2 = 1 + 3 = 4$,所以, $n = 4$ 时,命题成立.

(2)假设 $n = k$ 时,命题成立,即凸 $k(k \geqslant 4)$ 边形所有对角线把这个多边形的内部最多分成 $m_k = C_k^4 + C_{k-1}^2$ 个区域.

当 $n = k + 1$ 时,设凸 k 边形 $A_1 A_2 \cdots A_k$ 增加了一个顶点 A_{k+1},我们考察由于它的加入,增加了多少个小多边形.

如图 21,首先,由顶点 A_{k+1} 共引出 $k - 2$ 条对角线,它们将新增加的 $\triangle A_{k+1} A_1 A_k$ 分成 $k - 1$ 个小三角形,这些小三角形都是新增加的.

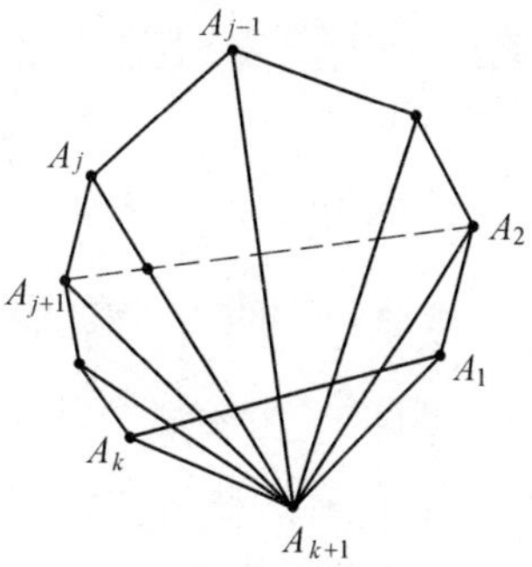

图 21

此外,以从 A_{k+1} 引出的对角线,例如 $A_{k+1} A_j$ 为分界线,在该对角线的两侧各取一个顶点,例如 A_2, A_{j+1},该对角线与 $A_{k+1} A_j$ 相交,有一个交点,这时又增加了一个小多边形. 这表明,除 A_{k+1} 之外的任意三点(如上面例子的 A_2, A_j, A_{j+1})都使得在凸 $k + 1$ 边形的内部增加一个小多边形,即增加了 C_k^3 个小多边形,于是

$$m_{k+1} = m_k + (k-1) + C_k^3 = m_k + C_{k-1}^1 + C_k^3$$
$$= C_k^4 + C_{k-1}^2 + C_{k-1}^1 + C_k^3 = C_{k+1}^4 + C_{(k+1)-1}^2$$

所以，$n=k+1$ 时，命题成立.

因此，对所有 $n(n\geqslant 4)$ 的正整数，命题成立.

例 9.7 在平面上给出 $n(n>3)$ 条直线，其中，任何两条不平行，任何三条不共点，证明：这些直线分平面所成的部分中，有不小于 $\dfrac{2n-2}{3}$ 个三角形.

解 首先证明，所给直线的全部交点能够位于不超过两条已知直线的同一侧.

用反证法.

如图 22，假设全部交点能够位于三条已知直线的同侧. 这三条直线形成一个三角形 ABC，这时，第四条直线不能只与 $\triangle ABC$ 的两边相交，而至少与一边的延长线相交，设它与 AB 的延长线相交于点 M，则 A 与 M 在直线 BC 的异侧，得出矛盾.

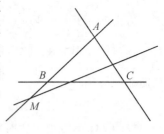

图 22

所以，至少有 $n-2$ 条直线，它们的两侧都有交点.

在这 $n-2$ 条直线中选一条直线 l，它分平面为两个半平面，在每个半平面都有一个与直线 l 距离最近的点，这个点一定是与直线 l 相邻最近的三角形区域的顶点，于是在这 $n-2$ 条直线有 $2(n-2)$ 个三角形区域，而每个三角形恰毗邻三条直线，另外 2 条直线毗邻至少各一个三角形.

因此，三角形区域总数不少于 $\dfrac{2(n-2)+2}{3}=\dfrac{2n-2}{3}$（个）.

例 9.8 考察以正 $2n+1$ 边形的顶点为顶点的三角形，求这些三角形中包含正 $2n+1$ 边形的中心的三角形的数目.

解 如图 23 所示，固定点 A，研究以点 A 为顶点且包含正 $2n+1$ 边形的中心的三角形的数目.

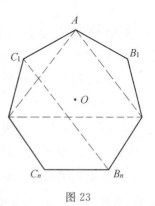

图 23

显然，这样的三角形的另两个顶点，一个应是 $B_1, B_2, \cdots, B_n$ 中的一个，另一个应是 $C_1, C_2, \cdots, C_n$ 中的一个.

$\triangle AB_iC_j$ 包含中心 O 的充要条件是
$$i+j\geqslant n+1$$

当 $i=1$ 时,$j=n$,只有 1 个三角形($\triangle AB_1C_n$)包含中心 O;

当 $i=2$ 时,$j=n,n-1$,有 2 个三角形($\triangle AB_2C_n$,$\triangle AB_2C_{n-1}$)包含中心 O;

当 $i=3$ 时,$j=n,n-1,n-2$,有 3 个三角形包含中心 O;

……

当 $i=n$ 时,有 n 个三角形包含中心 O.

于是,包含中心 O 的 $\triangle AB_iC_j$ 共有

$$1+2+\cdots+n=\frac{n(n+1)}{2}(个)$$

对于正 $2n+1$ 边形,按上面的计算有 $\frac{n(n+1)(2n+1)}{2}$ 个,但是,其中每个三角形都被重复计算了三次,因而符合题目要求的三角形总数为 $\frac{n(n+1)(2n+1)}{6}$ 个.

练习九

1. 以凸 n 边形的各边及各对角线(包括边及对角线的延长线)为边可以组成多少个三角形?

2. 在同一平面内有 m 条平行线和 n 条平行线相交,可以围成多少个平行四边形?

3. 凸 10 边形有多少条对角线,如果这些对角线的任何三条都不交于一点,任何两条都不平行,能把这个凸 10 边形分成多少个区域?

4. 在同一平面内的 k 条直线最多把它所在的平面分成 37 个区域,求 k.

5. 圆周上有 n 个给定的点,联结这 n 个点的所有直线中任意三条都不在圆内相交于一点,求由这些直线确定的,并且顶点全部在圆周内部的三角形的个数.

组合数的推广

在前面的九章中,排列数 A_n^m 和组合数 C_n^m 是在 n 和 m 都是正整数,且 $m \leqslant n$ 的范围内进行研究的.关于 n 和 m 的这种规定与经常遇到的一些实际问题相符合,但是为了研究和处理问题有一个统一的结果和方式,有必要对 n 和 m 的范围进行扩充.

定义 10.1　(1)当 n 是正整数,$m=0$ 时,$A_n^0=1$;

(2)当 n 和 m 都是正整数,且 $n<m$ 时,$A_n^m=0$.

如果 n 不一定是正整数,排列数计算公式应该是怎样的呢?

一般地,当 n 是任意实数时,不再采用 A_n^m 这个记号,而采用 $(n)_m$,并且由于习惯上总是用 x 表示实数,所以 $(n)_m$ 中的 n,也换成 x.

下面我们定义记号 $(x)_m$.

定义 10.2　(1)$(x)_0=1$;

(2)$(x)_m=x(x-1)(x-2)\cdots(x-m+1)$,其中 $m \in \mathbf{N}$.

当 x 是正整数 n 时,这个定义与第一章中的排列数公式

$$A_n^m=n(n-1)(n-2)\cdots(n-m+1)$$

及本章的定义 10.1 是一致的.

组合数 C_n^m,经常用记号 $\begin{bmatrix} n \\ m \end{bmatrix}$. 我们对组合数作如下的推广:

定义 10.3 （1）$m=0$，n 是整数时，$C_n^0 = \begin{bmatrix} n \\ 0 \end{bmatrix} = 1$；

（2）n 是非负整数，且 m 大于 n 的整数或 m 是负整数时，$C_n^m = \begin{bmatrix} n \\ m \end{bmatrix} = 0$；

（3）n 是负整数，且 m 是正整数时

$$C_n^m = \begin{bmatrix} n \\ m \end{bmatrix} = (-1)^m \begin{bmatrix} |n|+m-1 \\ m \end{bmatrix} = (-1)^m C_{|n|+m-1}^m$$

（4）n 是负整数，且 m 是负整数时

$$C_n^m = \begin{bmatrix} n \\ m \end{bmatrix} = (-1)^{m+n} \begin{bmatrix} |m|-1 \\ |n|-1 \end{bmatrix} = (-1)^{m+n} C_{|m|-1}^{|n|-1}$$

这样，我们对所有的整数 n 和 m，定义了记号 C_n^m（或 $\begin{bmatrix} n \\ m \end{bmatrix}$），把它整理出来就是

$$C_n^m = \begin{bmatrix} n \\ m \end{bmatrix} = \begin{cases} 1, & m=0 \\ 0, & 0 \leqslant n < m \text{ 或 } m < 0 \leqslant n \\ (-1)^m C_{|n|+m-1}^m, & n<0, m>0 \\ (-1)^m C_{|m|-1}^{|n|-1}, & n<0, m<0 \end{cases}$$

需要说明的是，这里给出的对所有的整数 n 和正整数 m，组合数 C_n^m 的定义，与 n 和 m 均为正整数的定义，在形式上是一致的，即（3）.

n 是负整数，且 m 是正整数时

$$C_n^m = \begin{bmatrix} n \\ m \end{bmatrix} = (-1)^m \begin{bmatrix} |n|+m-1 \\ m \end{bmatrix} = (-1)^m C_{|n|+m-1}^m$$

我们也可以用 n 和 m 为正整数的定义方式：

由 n 是负整数得 $n = -|n|$，$|n|$ 为正整数，则按 n 和 m 为正整数的定义方式有

$$C_n^m = \frac{n(n-1)\cdots(n-m+1)}{m!}$$

$$= \frac{-|n|(-|n|-1)\cdots(-|n|-m+1)}{m!}$$

$$= (-1)^m \frac{|n|(|n|+1)\cdots(|n|+m-1)}{m!}$$

$$= (-1)^m \frac{(|n|+m-1)\cdots(|n|+1)|n|}{m!}.$$

$$= (-1)^m C_{|n|+m-1}^m$$

例 10.1 求 $\left(\dfrac{1}{2}\right)_4, (-\sqrt{2})_3$ 的值.

解 由定义 $(x)_m = x(x-1)(x-2)\cdots(x-m+1)$ 有

$$\left(\dfrac{1}{2}\right)_4 = \dfrac{1}{2}\left(\dfrac{1}{2}-1\right)\left(\dfrac{1}{2}-2\right)\left(\dfrac{1}{2}-3\right) = -\dfrac{15}{16}$$

$$(-\sqrt{2})_3 = -\sqrt{2}(-\sqrt{2}-1)(-\sqrt{2}-2)$$
$$= -\sqrt{2}(\sqrt{2}+1)(\sqrt{2}+2)$$
$$= -6 - 4\sqrt{2}$$

例 10.2 求 C_5^{-3}, C_{-5}^3 的值.

解 由定义,n 是非负整数,且 m 大于 n 的整数或 m 是负整数时,$C_n^m = \begin{bmatrix} n \\ m \end{bmatrix} = 0$;则 $C_5^{-3} = 0$.

因为,n 是负整数,且 m 是正整数时

$$C_n^m = \begin{bmatrix} n \\ m \end{bmatrix} = (-1)^m \begin{bmatrix} |n|+m-1 \\ m \end{bmatrix} = (-1)^m C_{|n|+m-1}^m$$

则 $\quad C_{-5}^3 = (-1)^3 C_{|-5|+3-1}^3 = -C_7^3 = -35$

把排列数与组合数中的 n 和 m 的范围扩充之后,就自然产生了这样一个问题:我们所熟知的排列数和组合数的基本性质,例如

$$A_n^m = n A_{n-1}^{m-1} \qquad\qquad ①$$
$$A_n^m = m A_{n-1}^{m-1} + A_{n-1}^m \qquad\qquad ②$$
$$C_n^m = C_n^{n-m} \qquad\qquad ③$$
$$C_n^m = C_{n-1}^{m-1} + C_{n-1}^m \qquad\qquad ④$$
$$\vdots$$

是否仍然成立呢?

答案是成立的.下面给予证明.

定理 10.1 $(x)_m = x(x-1)_{m-1}$ ($x \in \mathbf{R}, m \in \mathbf{N}_+$).(这是式①所对应的性质)

证明 (1)当 $m \geq 2$ 时

$$(x)_m = x(x-1)(x-2)\cdots(x-m+1)$$
$$= x[(x-1)(x-2)\cdots(x-m+1)]$$
$$= x(x-1)_{m-1}$$

(2)当 $m=1$ 时

$$左边 = (x)_m = (x)_1 = x$$
$$右边 = x(x-1)_{m-1} = x(x-1)_0 = x \cdot 1 = x$$
于是 $$(x)_m = x(x-1)_{m-1}$$

从而，对任何正整数 m，$(x)_m = x(x-1)_{m-1}$。

定理 10.2 $(x)_m = m(x-1)_{m-1} + (x-1)_m$ $(x \in \mathbf{R}, m \in \mathbf{N}_+)$。（这是式②所对应的性质）

证明 (1) 当 $m \geqslant 2$ 时
$$\begin{aligned}(x)_m &= x(x-1)_{m-1} = (x-m+m)(x-1)_{m-1}\\ &= m(x-1)_{m-1} + (x-m)(x-1)_{m-1}\\ &= m(x-1)_{m-1} + (x-1)(x-2)\cdots[(x-1)-\\ &\quad (m-1)+1][(x-1)-m+1]\\ &= m(x-1)_{m-1} + (x-1)_m\end{aligned}$$

(2) 当 $m = 1$ 时
$$左边 = (x)_m = (x)_1 = x$$
$$右边 = m(x-1)_{m-1} + (x-1)_m = 1 \cdot (x-1)_0 + (x-1)_1 = x$$
于是 $$(x)_1 = 1 \cdot (x-1)_0 + (x-1)_1$$

从而，对任何正整数 m，$(x)_m = m(x-1)_{m-1} + (x-1)_m$。

定理 10.3 $C_n^m = C_n^{n-m}$ $(n \in \mathbf{Z}, m \in \mathbf{Z})$。（这是式③所对应的性质）

证明 (1) 当 n 和 m 都是正整数，且 $n \geqslant m$ 时，这就是第六章的第 1 个恒等式；

(2) 当 n 和 m 都是正整数，且 $n < m$ 时，此时 $n - m < 0$，有 $C_n^m = 0$，$C_n^{n-m} = 0$，从而 $C_n^m = C_n^{n-m}$；

(3) 当 $n = 0$，m 是正整数时，有 $C_n^m = 0$，$C_n^{n-m} = 0$，从而 $C_n^m = C_n^{n-m}$；

(4) 当 n 是非负整数，且 $m = 0$ 时，有 $C_n^m = C_n^0 = 1$，$C_n^{n-m} = C_n^n = 1$，从而 $C_n^m = C_n^{n-m}$；

(5) 当 n 是非负整数，且 m 是负整数时，由 $m < 0$ 得 $n < n - m$，有 $C_n^m = 0$，$C_n^{n-m} = 0$，从而 $C_n^m = C_n^{n-m}$；

(6) 当 n 和 m 都是负整数，且 $n < m$ 时，由 $n < m$ 得 $n - m < 0$，$|n| - 1 > |m| - 1$，$|n| - 1 > |n - m| - 1$，则
$$C_n^m = (-1)^{n+m} C_{|n|-1}^{|m|-1} = 0, \quad C_n^{n-m} = (-1)^{n+(n-m)} C_{|n|-1}^{|n-m|-1} = 0$$
从而 $C_n^m = C_n^{n-m}$；

(7) 当 n 和 m 都是负整数，且 $n = m$ 时，得 $n - m = 0$，$|n| - 1 = |m| - 1$，有

$$C_n^m = (-1)^{n+m} C_{|m|-1}^{|n|-1} = (-1)^{2n} C_{|m|-1}^{|n|-1} = 1, C_n^{n-m} = C_n^0 = 1$$

从而 $C_n^m = C_n^{n-m}$;

(8)当 n 和 m 都是负整数,且 $n > m$ 时,由 $n > m$ 得 $n - m > 0$,有

$$C_n^m = (-1)^{n+m} C_{|m|-1}^{|n|-1}$$

$$C_n^{n-m} = (-1)^{n-m} C_{|n|+n-m-1}^{n-m} = (-1)^{n-m} C_{-n+n+|m|-1}^{|m|-|n|}$$

$$= (-1)^{n-m} C_{|m|-1}^{|m|-|n|} = (-1)^{n-m} C_{|m|-1}^{|n|-1}$$

由于 $n+m$ 与 $n-m$ 具有相同的奇偶性,所以 $(-1)^{n+m} = (-1)^{n-m}$,从而 $C_n^m = C_n^{n-m}$.

(9)当 n 是负整数,且 m 是正整数时,由 $n < 0, m > 0$ 得

$$m - n - 1 \geqslant m > 0$$

$$C_n^m = (-1)^m C_{|n|+m-1}^m = (-1)^m C_{m-n-1}^m$$

$$C_n^{n-m} = (-1)^{n+n-m} C_{|n|-1}^{|n-m|-1}$$

$$= (-1)^m C_{m-n-1}^{-n-1} = (-1)^m C_{m-n-1}^{m-n-1-(-n-1)}$$

$$= (-1)^m C_{m-n-1}^m$$

从而 $C_n^m = C_n^{n-m}$.

由以上九种情况,$C_n^m = C_n^{n-m} (n \in \mathbf{Z}, m \in \mathbf{Z})$ 成立.

定理 10.4 $C_n^m = C_{n-1}^{m-1} + C_{n-1}^m. (n \in \mathbf{Z}, m \in \mathbf{Z}, n^2 + m^2 \neq 0)$(这是式④所对应的性质)

证明 (1)当 n 和 m 都是正整数,且 $n \geqslant m \geqslant 2$ 时,这就是第六章的第 2 个恒等式;

(2)当 n 和 m 都是正整数,且 $n < m$ 时,此时 $n-1 < m-1, n-1 < m$,有

$$C_n^m = 0, C_{n-1}^{m-1} = 0, C_{n-1}^m = 0$$

从而 $C_{n-1}^{m-1} + C_{n-1}^m = 0 + 0 = 0 = C_n^m$

(3)当 n 是非负整数,且 $m=1$ 时:

若 $n \geqslant 2$,则

$$C_{n-1}^{m-1} = C_{n-1}^1 = n-1, C_{n-1}^m = C_{n-1}^0 = 1, C_n^m = C_n^1 = n$$

从而 $C_{n-1}^{m-1} + C_{n-1}^m = (n-1) + 1 = n = C_n^m$

若 $n=1$,则

$$C_{n-1}^{m-1} = C_0^1 = 0, C_{n-1}^{m-1} = C_{n-1}^0 = 1, C_n^m = C_1^1 = 1$$

从而 $C_{n-1}^{m-1} + C_{n-1}^m = 0 + 1 = 1 = C_n^m$

若 $n=0$,则

$$C_{n-1}^m = C_{-1}^1 = (-1)^1 C_{|-1|+1-1}^1 = (-1)^1 C_1^1 = -1$$

$$C_{n-1}^{m-1} = C_{-1}^0 = 1, C_n^m = C_0^1 = 0$$

从而
$$C_{n-1}^{m-1} + C_{n-1}^m = 1 + (-1) = 0 = C_n^m$$

(4) 当 n 是非负整数,且 $m=0$ 时,由题设 $n^2 + m^2 \neq 0$,则 $n \neq 0$.

若 $n \geq 2$,则
$$C_{n-1}^m = C_{n-1}^0 = 1, C_{n-1}^{m-1} = C_{n-1}^{-1} = 0, C_n^m = C_n^0 = 1$$

从而
$$C_{n-1}^{m-1} + C_{n-1}^m = 0 + 1 = 1 = C_n^m$$

若 $n=1$,则
$$C_{n-1}^m = C_0^0 = 1, C_{n-1}^{m-1} = C_0^{-1} = 0, C_n^m = C_1^0 = 1$$

从而
$$C_{n-1}^{m-1} + C_{n-1}^m = 0 + 1 = 1 = C_n^m$$

(5) 当 $n=0$,且 m 是大于 1 的正整数时,有
$$C_{n-1}^m = C_{-1}^m = 0, C_{n-1}^{m-1} = C_{-1}^{m-1} = 0, C_n^m = C_0^m = 0$$

从而
$$C_{n-1}^{m-1} + C_{n-1}^m = 0 + 0 = 0 = C_n^m$$

(6) 当 $n=0$,且 $m=1$ 时,有
$$C_{n-1}^m = C_{-1}^1 = (-1)^1 C_{|-1|+1-1}^1 = (-1)^1 C_1^1 = -1$$
$$C_{n-1}^{m-1} = C_{-1}^0 = 1, C_n^m = C_0^1 = 0$$

从而
$$C_{n-1}^{m-1} + C_{n-1}^m = 1 + (-1) = 0 = C_n^m$$

(7) 当 n 和 m 都是负整数时
$$C_{n-1}^m = (-1)^{n+m-1} C_{|m|-1|}^{|n-1|-1} = (-1)^{n+m-1} C_{-m-1}^{-n+1-1} = (-1)^{n+m-1} C_{-m-1}^{-n}$$
$$C_{n-1}^{m-1} = (-1)^{n+m-2} C_{|m-1|-1}^{|n-1|-1} = (-1)^{n+m-2} C_{-m+1-1}^{-n+1-1} = (-1)^{n+m-2} C_{-m}^{-n}$$
$$C_n^m = (-1)^{n+m} C_{|m|-1}^{|n|-1} = (-1)^{n+m} C_{-m-1}^{-n-1}$$

由于 $n<0, m<0$,所以 $-n>0, -m>0$,由以上关于正整数的情况的公式的证明得
$$C_{n-1}^m + C_{n-1}^{m-1} = (-1)^{n+m-1} C_{-m-1}^{-n} + (-1)^{n+m-2} C_{-m}^{-n}$$
$$= (-1)^{n+m} (C_{-m}^{-n} - C_{-m-1}^{-n})$$
$$= (-1)^{n+m} C_{-m-1}^{-n-1} = C_n^m$$

(8) 当 n 是负整数,且 m 是正整数时
$$C_{n-1}^m = (-1)^m C_{|n-1|+m-1}^m = (-1)^m C_{m-n}^m$$
$$C_{n-1}^{m-1} = (-1)^{m-1} C_{|n-1|+m-1-1}^{m-1} = (-1)^{m-1} C_{m-n-1}^{m-1} = -(-1)^m C_{m-n-1}^{m-1}$$
$$C_n^m = (-1)^m C_{|n|+m-1}^m = (-1)^m C_{m-n-1}^m$$

由于 $n<0, m>0$,所以 $m-n-1>0, m-n>0$,由以上关于正整数的情况的公式证明得
$$C_{n-1}^m + C_{n-1}^{m-1} = (-1)^m C_{m-n}^m + [-(-1)^m C_{m-n-1}^{m-1}]$$

$$= (-1)^m (C_{m-n}^m - C_{m-n-1}^{m-1}) = (-1)^m C_{m-n-1}^m$$
$$= C_n^m$$

由以上八种情况可得，$C_n^m = C_{n-1}^{m-1} + C_{n-1}^m (n \in \mathbf{Z}, m \in \mathbf{Z})$ 成立.

练习十

1. 证明连续 m 个整数的乘积一定能被 $m!$ 整除.
2. 计算 C_{-5}^{-2}, C_{-5}^{-9} 的值.
3. 计算 C_{-5}^2 的值.
4. 证明：对任何整数 $n, m (n \neq 0, m \neq 0)$ 都有 $mC_n^m = nC_{n-1}^{m-1}$.

第十一章 重复排列与重复组合

我们前面所研究的都是从 n 个不同的元素中每次取出 m 个不同的元素的排列和组合问题,也就是说,要求所取的 m 个元素不能重复.

例如,由 $2,3,5,7$ 可以组成数字不重复的三位数共有 $A_4^3=24$(个),在这 24 个三位数中例如 $235,253,537,257$ 等就包括在内,但是如 $233,557,777$ 这样的数字可以重复的三位数就不包括在内,那么,这种允许数字重复出现的三位数有多少个呢?

又如,由 $2,3,5,7$ 任取不同的三个可以组成多少个不同的乘积呢?答案是 $C_4^3=4$(个),即 $2\times3\times5,2\times3\times7,2\times5\times7,3\times5\times7$,但是不允许出现如 $2\times2\times5,3\times3\times7,5\times5\times5$ 这样的乘积,如果我们取消"不允许重复"的限制,又能组成多少个三个因数的乘积呢?

这样的内容在中学教材中没有介绍,但是在一些问题的研究中往往会遇到,这一章我们将简单地介绍一些允许重复的排列和组合问题.

先介绍重复排列问题.

例 11.1 由 $1,2,3,4,5,6,7,8,9$ 可以组成多少个五位数?

解 第一位(万位)可以是 $1,2,3,4,5,6,7,8,9$ 中的任何一个,因而有 9 种确定第一位的方式;

由于题目中没有限制数字不重复,即允许数字重复,因而第二位(千位),第三位(百位),第四位(十位)和第五位(个位)都各有 9 种确定的方式;

因此可以组成 $9\times 9\times 9\times 9\times 9=9^5$(个)五位数.

例 11.2 有 10 个灯泡并联在一起,排成一排,由灯泡"亮"与"不亮"可以组成多少个不同的信号?

解 每个灯泡都有"亮"与"不亮"两种信号,因此有
$$\underbrace{2\times 2\times \cdots \times 2}_{10}=2^{10}(\text{个})$$
不同的信号.

我们分析一下这两个例题:

像 12 234,23 335 就是例 11.1 中的两个不同的排列,其中 2 和 3 重复出现在排列中,在例 11.2 中,如果设 1 为灯泡"亮",0 为灯泡"不亮",这样 1000100011 就是例 11.2 中的一个排列,其中 0 和 1 都重复出现在排列中.

这种从 n 个不同的元素中每次取出 r 个元素,并且允许元素重复出现的排列叫做允许重复的排列,即重复排列,其排列总数记作 U_n^r.

关于重复排列的计数方法有下面的规律.

定理 11.1 设有 n 个不同的元素,从这 n 个不同的元素中每次取出 r 个元素的重复排列的个数为
$$U_n^r=n^r$$

证明 设取出的 r 个元素排在 r 个位置上.

第一个位置上可以取 n 个不同的元素中的任何一个,所以有 n 种不同的取法;

由于元素允许重复,所以第二个位置也有 n 种不同的取法;

同样,每个位置上的元素都有 n 种不同的取法.

所以,从这 n 个不同的元素中每次取出 r 个元素的重复排列的个数为
$$U_n^r=\underbrace{n\cdot n\cdot \cdots \cdot n}_{r}=n^r$$

这里需要指出的是 n 和 r 只要都是正整数就可以,r 不受 n 的约束,即 r 可以小于 n,也可以大于 n,也可以等于 n.

例 11.3 从 1 到 100 000 的所有正整数中,至少有一位包含 1 的正整数有多少个?

解 从 1 到 100 000 的所有正整数共有 10^5 个,在这些数中,不包含 1 的正整数,相当于从 0,2,3,4,5,6,7,8,9 取出 5 个的重复排列,有

$$U_9^5 = 9^5(\text{个})$$

但是,其中有一个数00 000不是正整数.

从1到100 000的所有正整数中,至少有一位包含1的正整数,应该从1到100 000的所有正整数中减去不包含1的正整数,由于其中也减去了00 000,故多减去一个,于是,从1到100 000的所有正整数中,至少有一位包含1的正整数有

$$10^5 - (9^5 - 1) = 10^5 - 9^5 + 1 = 40\ 952(\text{个})$$

例11.4 有7封信,随意投入3个信箱,有多少种投法?

解 第1封信有3种投法,由于是随意投入信箱,因此,投入的信箱允许重复,所以第2,3,4,5,6,7封信也都有3种投法,于是共有

$$U_3^7 = 3^7 = 2\ 187(\text{种})$$

投法.

例11.4的另一个变化是:

集合$A=\{1,2,3,4,5,6,7\}$有7个元素,集合$B=\{a,b,c\}$有3个元素,则从集合A到集合B的不同映射有多少种?

下面我们研究重复组合问题.

有一枚硬币,正面是国徽,反面是币值.我们同时投掷5枚这样的硬币,会出现多少种不同的情况呢?

把各种不同的情况一一列举出来就是:

正面	5	4	3	2	1	0
反面	0	1	2	3	4	5

如果我们把硬币的"正面"和"反面"看成两个不同的元素,那么这个问题就是:

从两个不同的元素中,取出5个元素的组合,显然,所取的元素允许重复.

又如,从3个元素的集合$\{a,b,c\}$中,取2个元素,如果允许所取得元素重复,则有

$$aa, bb, cc, ab, ac, bc$$

共6种.

一般地,从n个不同的元素中,每次取出r个可以重复的元素并成一组,叫做从n个不同的元素每次取出r个元素的允许重复的组合,即重复组合,其组合总数记作H_n^r.

关于重复组合的计数方法有下面的规律.

定理 11.2 从 n 个不同的元素每次取出 r 个元素的允许重复的组合总数为 $H_n^r = C_{n+r-1}^r$.

下面我们通过几种不同的方法给予证明. 通过证明, 大家可以进一步体会到组合数的灵活运用.

证法 1 设有 n 个不同的元素, 不失一般性, 可设为 $1, 2, \cdots, n$.

设从这 n 个不同的元素取出 r 个元素的重复组合为

$$x_1, x_2, \cdots, x_r \qquad ①$$

且假定 $x_1 \leqslant x_2 \leqslant \cdots \leqslant x_r$, 这里有等号出现是因为元素允许重复.

我们再构造一个组合

$$y_1, y_2, \cdots, y_r \qquad ②$$

与组合①相对应, 其对应关系是

$$y_1 = x_1, y_2 = x_2 + 1, y_3 = x_3 + 2, \cdots, y_k = x_k + k - 1, \cdots, y_r = x_r + r - 1$$

显然这种对应是一一对应.

在这个对应中, 虽然组合①中的元素有可能相同, 但是组合②中的元素却都不相同, 这样, 组合②就是一个没有重复元素的组合.

组合②是从 $n + r - 1$ 个不同的元素中, 取出 r 个不同元素的组合, 组合数为 C_{n+r-1}^r.

由于组合②的组合数与组合①的组合数相同, 所以组合①的组合数为 $H_n^r = C_{n+r-1}^r$.

关于这个证明, 我们给出一个直观的例子:

例如, 从 $1, 2, 3, 4, 5, 6, 7, 8, 9$ 中取出 5 个允许重复的组合, 其中一个组合是 $4, 4, 8, 9, 9$.

对于这个组合, 采用证法中 $y_k = x_k + k - 1$ 的构造方法, 就是

$$4+0, 4+1, 8+2, 9+3, 9+4$$

即

$$4, 5, 10, 12, 13$$

这第二个组合的元素没有重复. 第二个组合相当于从 $9 + 5 - 1 = 13$ (个) 元素中取出 5 个不同元素的组合, 组合数为 $H_9^5 = C_{9+5-1}^5 = C_{13}^5 = 1\,287$.

证法 2 设有 n 个不同的元素, 不失一般性, 可设为 $1, 2, \cdots, n$.

从 n 个不同的元素取出 r 个元素的重复组合为

$$i_1, i_2, \cdots, i_r$$

设元素 $k \in \{1, 2, \cdots, n\}$ 在组合中出现了 x_k 次, 其中 x_k 是非负整数, 若 $x_k = 0$, 则说明元素 k 在组合中没有出现; 若 $x_k = 2$, 则说明元素 k 在组合中出现 2 次; ……

由此，一次不定方程
$$x_1+x_2+\cdots+x_n=r \qquad ③$$
的任一组非负整数解就对应着一个 r 个元素的重复组合．

所以，从 n 个不同的元素取出 r 个元素的重复组合数，就是一次不定方程 ③ 的非负整数解的个数，由第五章可得，其个数为 C_{n+r-1}^r，即 $H_n^r = C_{n+r-1}^r$．

我们也给出一个例子来说明这个证法．

例如，从 $1,2,3,4,5,6,7,8,9$ 中取出 5 个允许重复的组合，其中一个组合是 $4,4,8,9,9$．对应着一次不定方程
$$x_1+x_2+\cdots+x_9=5$$
的一组解 $(x_1,x_2,x_3,x_4,x_5,x_6,x_7,x_8,x_9)=(0,0,0,2,0,0,0,1,2)$．

同样，组合 $1,2,5,7,7$ 对应着解
$$(x_1,x_2,x_3,x_4,x_5,x_6,x_7,x_8,x_9)=(1,2,0,0,1,0,2,0,0)$$

所以，求从 $1,2,3,4,5,6,7,8,9$ 中取出 5 个允许重复的组合数的问题就转化为一次不定方程 $x_1+x_2+\cdots+x_9=5$ 的非负整数解问题，即
$$C_{9+5-1}^5 = H_9^5 = C_{13}^5 = 1\ 287$$

证法 3 设有 n 个不同的元素，不失一般性，可设为 $1,2,\cdots,n$．

从 n 个不同的元素取出 r 个元素的重复组合为
$$i_1,i_2,\cdots,i_r \quad (i_1 \leqslant i_2 \leqslant \cdots \leqslant i_r)$$

我们在组合 $i_1,i_2,\cdots,i_r$ 的基础上添加全部 n 个不同的元素 $1,2,\cdots,n$，并把这 $n+r$ 个元素按从小到大的顺序排成一列，其中相同的元素排在一起，这样得到一个新的 $n+r$ 个元素的序列
$$1,1,\cdots,1,2,2,\cdots,2,\cdots,(i_1-1),\cdots,i_1,i_2,\cdots,i_r,\cdots(n-1),\cdots,n \qquad ④$$

其中 $1,1,\cdots,1$ 表示有几个 1 重复，若只有一个 1，在序列中就只写一个 1，以下相同．

显然，序列 ④ 与组合 $i_1,i_2,\cdots,i_r$ 是一一对应的，所以，组合 $i_1,i_2,\cdots,i_r$ 的个数与序列的个数是相等的．

我们在序列 ④ 的相同数字的最后一个的后面画一条竖线，得到一个画线的序列
$$1,\cdots,1|\cdots,2|\cdots,\cdots(n-1)|n,\cdots,n \qquad ⑤$$

显然，序列 ⑤ 与序列 ④ 也是一一对应的．

由于在 $n+r$ 个元素中只有 $n+r-1$ 个空隙，而这些空隙中只能有 $n-1$ 个空隙可以画竖线，所以，从 n 个不同的元素中取出 r 个元素的重复组合数等于序列 ⑤ 的个数，即等于从 $n+r-1$ 个空隙中取出 $n-1$ 个空隙画竖线的组合数，

也就是
$$H_n^r = C_{n+r-1}^{n-1} = C_{n+r-1}^r$$

例如,从 1,2,3,4,5,6,7,8,9 中取出 5 个允许重复的组合,其中一个组合是 4,4,8,9,9. 则对应的序列是由 1,2,3,4,5,6,7,8,9 和 4,4,8,9,9 按从小到大排成的序列

1,2,3,4,4,4,5,6,7,8,8,9,9,9

其画竖线的序列是

1|2|3|4,4,4|5|6|7|8,8|9,9,9

而组合 1,2,5,7,7 对应的序列是

1,1,2,2,3,4,5,5,6,7,7,7,8,9

其画竖线的序列是

1,1|2,2|3|4|5,5|6|7,7,7|8|9

所以,从 9 个不同的元素中取出 5 个元素的重复组合数就是画竖线的序列的个数,而画竖线的序列的个数相当于有 9+5=14(个)元素的序列

* * * * * * * * * * * * * *

在其 13 个空隙中画 9-1=8(条)竖线

* * | * | * * * | * | * * | * | *

这样的画竖线序列的个数是

$$H_9^5 = C_{9+5-1}^8 = C_{9+5-1}^5 = C_{13}^5 = 1\,287$$

证法 4 利用递推公式和数学归纳法.

当 $r \geqslant 2$ 时,对于从 n 个不同的元素中,每次取出 r 个元素的重复组合可以分为两类:

第 1 类中每一个组合都含有某个元素 a,则其重复组合数相当于从 n 个元素中每次取出 $r-1$ 个元素的重复组合数 H_n^{r-1};

第 2 类中每一个组合都不含有某个元素 a,则其重复组合数相当于从除去 a 的 $n-1$ 个元素中每次取出 r 个元素的重复组合数 H_{n-1}^r.

于是有关系式

$$H_n^r = H_n^{r-1} + H_{n-1}^r \quad (n \geqslant 2, r \geqslant 2) \qquad ⑥$$

当 $r=1$ 时,则从 n 个不同的元素中,每次取出 1 个元素的组合,显然不能重复选取,所以只有 n 个组合,即 $H_n^1 = n$.

当 $n=1$ 时,则从 1 个元素中取出 r 个元素的重复组合只能有 1 个,即 $H_1^r = 1$.

下面我们推导 H_n^2 和 H_2^r.

由递推公式⑥

$$H_n^2 = H_n^1 + H_{n-1}^2 = n + H_{n-1}^1 + H_{n-2}^2$$
$$= n + (n-1) + H_{n-2}^1 + H_{n-3}^2 = \cdots =$$
$$= n + (n-1) + (n-2) + \cdots + 2 + 1$$
$$= n + (n-1) + H_{n-2}^1 + H_{n-3}^2$$
$$= \frac{n(n+1)}{2}$$
$$= C_{n+2-1}^2$$
$$H_2^r = H_2^{r-1} + H_1^r = H_2^{r-2} + H_1^{r-1} + H_1^r = \cdots =$$
$$= H_2^1 + H_1^2 + H_1^3 + \cdots + H_1^{r-1} + H_1^r$$
$$= 2 + \underbrace{1 + 1 + \cdots + 1}_{r-1}$$
$$= r + 1$$
$$= C_{2+r-1}^r$$

由以上可以猜想：$H_n^r = C_{n+r-1}^r$.

下面用数学归纳法给予证明.

当 $r=1$，n 为任意正整数时，$H_n^1 = n = C_{n+1-1}^1$；

当 $n=1$，r 为任意正整数时，$H_1^r = 1 = C_r^r = C_{1+r-1}^r$；

当 $r=2$，n 为任意正整数时，已经证得 $H_n^2 = C_{n+2-1}^2$；

当 $n=2$，r 为任意正整数时，已经证得 $H_2^r = C_{2+r-1}^r$.

假设对于 $s<r$，k 为任意正整数，或 $k<n$，s 为任意正整数时，有 $H_k^s = C_{k+s-1}^s$，则由递推公式⑥及归纳假设得

$$H_n^r = H_n^{r-1} + H_{n-1}^r$$
$$= C_{n+(r-1)+1}^{r-1} + C_{(n-1)+r-1}^r$$
$$= C_{n+r-2}^{r-1} + C_{n+r-2}^r$$
$$= C_{n+r-1}^r$$

从而对于所有的正整数 n 和 r 都有 $H_n^r = C_{n+r-1}^r$.

我们再观察 H_n^r 和 C_n^r 的表达式.

$$H_n^r = C_{n+r-1}^r = \frac{(n+r-1)(n+r-2)\cdots(n+1)n}{r!}$$
$$= \frac{n(n+1)\cdots(n+r-2)(n+r-1)}{r!}$$
$$C_n^r = \frac{n(n-1)\cdots(n-r+1)}{r!}$$

这两个表达式很相像,它们的分母相同都是 $r!$,分子都是从 n 开始的 r 个正整数的连乘积,不过 H_n^r 的分子是从 n 开始的递增的 r 个正整数的连乘积,C_n^r 的分子是从 n 开始的递减的 r 个正整数的连乘积.

例 11.5 邮局发行 10 种新邮票,有一个集邮爱好者购买了 15 张邮票,他有多少种买法?

解 买邮票的任何一种方式都可以看做是从 10 个元素中取出 15 个元素的组合,因此买法种数为
$$H_{10}^{15} = C_{10+15-1}^{15} = C_{24}^{15} = C_{24}^9 = 9\ 152\ 528$$

例 11.6 求 $(a+b+c+d)^n$ 的展开式的项数.

解 由于 $(a+b+c+d)^n$ 的展开式的每一项都是 n 次的,因此,展开式的每一项都是从 a,b,c,d 这 4 个元素中取出 n 个元素的重复组合,不同的组合就得到不同的项,所以,$(a+b+c+d)^n$ 的展开式的项数为
$$H_4^n = C_{4+n-1}^n = C_{n+3}^3 = \frac{(n+3)(n+2)(n+1)}{6}$$

最后我们研究有重复元素的全排列问题.

先看一个例题:

例 11.7 如果不考虑所组成的单词是否有意义,那么用英文字母 3 个 a,2 个 h,1 个 e,1 个 m 和 1 个 s,可以组成多少个不同的"单词"呢?

解 我们先假定这 8 个字母是不相同的,显然可以组成 $A_8^8 = 8!$ 个"单词".但是,其中字母 a 有 3 个,字母 h 有 2(个),因此,在 $A_8^8 = 8!$(个)排列中每个排列都重复出现 $A_3^3 A_2^2 = 3! \cdot 2!$(次).

所以,符合条件的排列数为 $\dfrac{8!}{3! \cdot 2!}$,即可以组成 $\dfrac{8!}{3! \cdot 2!}$ 个"单词".

如果有 n 个元素 $a_1, a_2, \cdots, a_n$,可以分成 r 组,每一组的元素是相同的,不同组的元素是不同的,且第 r 组的元素的个数为 $b_i (i=1,2,\cdots,r)$,$b_1 + b_2 + \cdots + b_r = n$,那么这 n 个元素的排列就叫做有重复元素的全排列,或者叫做不全相异元素的全排列.

这种有重复元素的全排列也可以这样理解:

有 $d_1, d_2, \cdots, d_r$ 共 r 个元素,其中 d_1 在排列中重复出现 b_1 次,d_2 在排列中重复出现 b_2 次,……,d_r 在排列中重复出现 b_r 次,且满足 $b_1 + b_2 + \cdots + b_r = n$,那么这 n 个元素的排列就是有重复元素的全排列,或者是不全相异元素的全排列.

关于有重复元素的全排列的计数公式有下面的规律:

定理 11.3 若把 n 个元素分成 r 个组,第 1 组有相同的 b_1 个元素,第 2 组有相同的 b_2 个元素,……,第 r 组有相同的 b_r 个元素,且每组之间的元素互不相同,则这 n 个元素的全排列数为 $\dfrac{n!}{b_1!\ b_2!\ \cdots b_r!}$.

证法 1 我们先把这 n 个元素看成不相同的元素,则其全排列数为 $n!$,在这 $n!$ 个全排列中,由于 $b_i(i=1,2,\cdots,r)$ 个元素是相同的,所以每个排列重复出现 $b_1!\ b_2!\ \cdots b_r!$ 次,因此,有重复元素的全排列数为 $\dfrac{n!}{b_1!\ b_2!\ \cdots b_r!}$.

证法 2 对 r 施行数学归纳法.

当 $r=1$ 时,则 n 个元素是相同的,此时,只有 1 种排列方法,显然有 $\dfrac{n!}{n!}=1$;

假设有 $r-1$ 组元素分别相同时,有 $\dfrac{(b_1+b_2+\cdots+b_{r-1})!}{b_1!\ b_2!\ \cdots b_{r-1}!}$ 种排列方法.

当有 r 组元素分别相同,且满足 $b_1+b_2+\cdots+b_r=n$ 时,由于第 r 组的 b_r 个元素可以在排列中的 n 个位置出现,所以有 r 组元素分别相同时的全排列数为

$$C_n^{b_r}\frac{(b_1+b_2+\cdots+b_{r-1})!}{b_1!\ b_2!\ \cdots b_{r-1}!}$$

$$=\frac{n!\ (b_1+b_2+\cdots+b_{r-1})!}{(n-b_r)!\ b_r!\ b_1!\ b_2!\ \cdots b_{r-1}!}$$

$$=\frac{n!\ (b_1+b_2+\cdots+b_{r-1})!}{(b_1+b_2+\cdots+b_{r-1})!\ b_r!\ b_1!\ b_2!\ \cdots b_{r-1}!}$$

$$=\frac{n!}{b_1!\ b_2!\ \cdots b_r!}$$

因而对 r 组元素结论成立.

由以上,结论成立.

我们利用这个结果来考虑第四章的路径计数问题.

设有东西方向的马路 $m+1$ 条,南北方向的马路 $n+1$ 条,并且这些马路是等距离的,那么如图 24,从西南角 A 到东北角 B 的最短路径有多少种不同的走法?

我们知道,从 A 到 B 的最短路径的走法是一共走了 $m+n$ 段,其中向东(即向右)走了 n 段,向北(即向上)走了 m 段,因此可以看做是有 2 个元素"右","上",其中"右"重复了 n 次,"上"重复了 m 次的全排列,因此有

$$\frac{(m+n)!}{m!\ n!}=C_{m+n}^n\ (种)$$

在第二章中我们介绍了非均匀不编号分组问题,即基本问题 7:

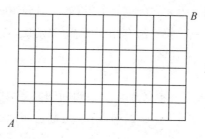

图 24

将 n 个不同的元素分成 m 组,每组元素的个数依次为 $k_1,k_2,\cdots,k_m$ 个,不同的分法的计数公式是

$$C_n^{k_1} C_{n-k_1}^{k_2} C_{n-(k_1+k_2)}^{k_3} \cdots C_{n-(k_1+k_2+\cdots+k_{m-1})}^{k_m}.$$

这个公式也可以由有重复的全排列公式来解决.

这是因为我们可以把 m 个组看成 m 个元素,每组的元素的个数为 k_i,可以看做每组的元素是相同的. 这就是说,n 个元素中有 k_1 个相同,k_2 个相同,$\cdots\cdots$,k_m 个相同,因此有

$$\frac{n!}{k_1!\ k_2!\ \cdots k_m!}=C_n^{k_1} C_{n-k_1}^{k_2} C_{n-(k_1+k_2)}^{k_3} \cdots C_{n-(k_1+k_2+\cdots+k_{m-1})}^{k_m}.$$

例 11.8 用 $1,2,2,3,3,3,4,4,4,4$ 可以组成多少个四位数?

解 已知有 10 个数码,分为以下几种情况讨论:

第 1 类,组成的四位数的 4 个数码全不相同,这就相当于 $1,2,3,4$ 这 4 个数码组成的四位数,有 A_4^4 种;

第 2 类,组成的四位数中只有两个数码相同,这相当于从 $2,3,4$ 中取出 1 个(有 C_3^1 种),且重复 2 次,再从其他的三个数码中取出 2 个数码(有 C_3^2 种)组成的全排列,其种数为 $C_3^1 C_3^2 \dfrac{4!}{2!\cdot 1!\cdot 1!}$;

第 3 类,组成的四位数有三个数码相同,这相当于从 $3,4$ 中取出 1 个(有 C_2^1 种),且重复 3 次,再从余下的数码中取出 1 个(有 C_3^1 种),组成的全排列,其种数为 $C_2^1 C_3^1 \dfrac{4!}{3!\cdot 1!}$;

第 4 类,组成的四位数四个数码都相同,只有 4 444 一个数;

第 5 类,组成的四位数有两对数码相同,这相当于从 $2,3,4$ 中取出 2 个(有 C_3^2 种),每个重复 2 次组成的全排列,其种数为 $C_3^2 \dfrac{4!}{2!\cdot 2!}.$

所以,共有四位数

$$A_4^4 + C_3^1 C_3^2 \frac{4!}{2! \cdot 1! \cdot 1!} + C_2^1 C_3^1 \frac{4!}{3! \cdot 1!} + 1 + C_3^2 \frac{4!}{2! \cdot 2!}$$
$$= 24 + 9 \times 12 + 6 \times 4 + 1 + 3 \times 6 = 175(\text{个})$$

练习十一

1. 某个地铁车站有 15 个乘客，进入 4 个车厢，有多少种方法？

2. 由 1,2,3,4,5 可以组成多少个（数字允许重复）能被 4 整除的四位数？

3. 10 个人分住 15 间房子，有多少不同的分法？

4. 某电视机厂有 7 个仓库里存放有同样型号的电视机，现在要随意取出 5 台电视机，有多少不同的取法？

5. 把 n 个球放入 $m(m \geqslant n)$ 个盒内，每盒最多装 1 个，有多少种不同的装法？如果可以随便装入盒内，有多少不同的装法？

6. 现有 1 本数学课外书，2 本相同的物理课外书，3 本相同的化学课外书和 4 本相同的生物课外书，奖给 10 个智力竞赛获奖者，每人 1 本，有多少种不同的发奖方法？

7. "数学"的英文单词是"mathematics"，用组成"数学"的英文字母重新排列，有多少种不同的排列方法？

高考中的组合计数问题

近几年的高考对于计数问题的要求主要是强调考查基础知识和基本技能,试题以客观题,即以选择题和填空题的形式出现.

考试大纲的要求有以下几点:

1. 理解分类加法计数原理和分步乘法计数原理;
2. 会用分类加法计数原理或分步乘法计数原理分析和解决一些简单的实际问题;
3. 理解排列、组合的概念;
4. 能运用计数原理推导排列数公式、组合数公式;
5. 会用排列数公式或组合数公式解决简单的实际问题.

在考查计数问题的同时,也考查分类讨论与整合的数学思想和化归与转化的思想.

例 12.1(2009 年四川卷理) 3 位男生和 3 位女生共 6 位同学站成一排,若男生甲不站两端,3 位女生中有且只有两位女生相邻,则不同排法的种数是( ).

A. 360 B. 288 C. 216 D. 96

解法 1 把女生分成一个二人组 A,一个一人组 B 有 A_3^2 种方法,3 位男生的排列有 A_3^3 种方法,由于 A,B 不相邻,则可以把 A,B 插入男生排列的 4 个空档,有 A_4^2 种方法,此时共有 $A_3^2 A_3^3 A_4^2 = 432$(种).

但是,由题意,男生甲不站两端,而男生甲站两端的排法有 $2A_2^2A_3^2A_3^2=144$(种),应减去.

所以共有 $432-144=288$(种)排法.故选 B.

解法 2 先不考虑甲.

(1)把女生分成一个二人组 A,一个一人组 B 有 A_3^2 种方法,2 位男生的排列有 A_2^2 种方法,由于 A,B 不相邻,则可以把 A,B 插入男生排列的 3 个空档,有 A_3^2 种方法,此时再插入甲,由于甲不站两端,可有 3 个空档可插,所以共有排法

$$3A_3^2A_2^2A_3^2=216(\text{种})$$

(2)3 位女生作为一组的排法有 A_3^3 种方法,这一组女生与除甲外的 2 位男生的排列有 A_3^3 种方法,此时,甲只需插入女生组,有 2 种插法,所以共有排法

$$2A_3^3A_3^3=72(\text{种})$$

于是符合题目要求的方法有 $216+72=288$(种).故选 B.

例 12.2(2008 年海南、宁夏卷,理) 甲、乙、丙 3 位志愿者安排在周一至周五的 5 天中参加某项志愿者活动,要求每人参加一天且每天至多安排一人,并要求甲安排在另外两位前面.不同的安排方法共有( ).

A. 20 种   B. 30 种   C. 40 种   D. 60 种

解法 1 分三类讨论:

①若甲安排在星期一,则有 $A_4^2=12$(种)方法;

②若甲安排在星期二,则有 $A_3^2=6$(种)方法;

③若甲安排在星期三,则有 $A_2^2=2$(种)方法.

所以,共有 $12+6+2=20$(种)安排方法.故选 A.

解法 2 先从 5 天中选出 3 天来,再把乙、丙安排在其中的后两天,共有 $C_5^3A_2^2=20$(种)方法.故选 A.

解法 3 甲、乙、丙的前后顺序有 2 类,依次是,甲、乙、丙或甲、丙、乙,每类均有 $\dfrac{A_5^3}{A_3^3}$ 种,共有 $2\cdot\dfrac{A_5^3}{A_3^3}=20$(种).故选 A.

解法 4 甲、乙、丙三位志愿者安排在周一至周五的 5 天中参加活动,每人恰好安排一天,若不考虑甲在乙、丙之前的要求应有 A_5^3 种安排方法,其中甲必须在乙、丙的前边,应占总体的 $\dfrac{A_2^2}{A_3^3}$ 份,故符合题意的安排方法有 $A_5^3\cdot\dfrac{A_2^2}{A_3^3}=20$(种),故选 A.

解法 5 设安排方法数为 M_1,每一正确安排方法都对应两个错误安排方

法,如甲乙丙 → 乙甲丙/丙乙甲, 故 $M = \frac{1}{3}A_5^3 = 20$. 故选 A.

这是排列中顺序受一定限制的有关题型.

解法 1 的依据是"分类计数原理",其关键是不重复且无遗漏.

解法 2 的依据是"分步计数原理",其关键是这两个步骤彼此相依,不可分割且各步骤结束,保证事件完成. 本解法"先组合后排列"思维负荷小.

解法 3 的依据是"由排列数公式推导组合种数公式"的思路. 若对公式 $\frac{A_n^m}{A_m^m} = C_n^m$ 有所领悟,即可体会本解法从中获得的启示.

解法 4 的依据源于解法 3.

解法 5 实际上也是解答排列组合题的常规通法,其依据也不外乎是分类计数原理,其"整体思想"的体现,突出了思维的深刻性.

例 12.3(2009 年天津卷,理) 用数字 0,1,2,3,4,5,6 组成没有重复数字的四位数,其中个位、十位和百位上的数字之和为偶数的四位数共有_____.

解法 1 个位、十位和百位上的数字之和为偶数的情形有两种:

(1)个位、十位和百位上的数字都是偶数;

(2)个位、十位和百位上的数字有一个偶数和两个奇数.

奇数有{1,3,5},偶数有{0,2,4,6}.

(1)个位、十位和百位上的数字都是偶数.

①个位、十位和百位上的数字都是偶数且没有 0 时,千位只能是奇数,有 $C_3^2 A_3^3 = 18$(个);

②个位、十位和百位上的数字都是偶数且有 0 时,若千位是偶数,有 $C_3^2 A_3^3 = 18$(个);

③个位、十位和百位上的数字都是偶数且有 0 时,若千位是奇数,有 $C_3^1 C_3^2 A_3^3 = 54$(个).

(2)个位、十位和百位上的数字有一个偶数和两个奇数.

①个位、十位和百位上的数字有一个偶数和两个奇数且偶数是 0 时,若千位是偶数,有 $C_3^1 C_3^2 A_3^3 = 54$(个);

②个位、十位和百位上的数字有一个偶数和两个奇数且偶数是 0 时,若千位是奇数,有 $C_3^2 A_3^3 = 18$(个);

③个位、十位和百位上的数字有一个偶数和两个奇数且偶数不是 0 时,若千位是偶数,有 $C_2^1 C_3^1 C_3^2 A_3^3 = 108$(个);

④个位、十位和百位上的数字有一个偶数和两个奇数且偶数不是 0 时,若

千位是奇数,有 $C_3^1 C_3^1 A_3^3 = 54$(个).

以上共计 $3 \times 18 + 3 \times 54 + 108 = 324$(个).

解法 2 用数字 0,1,2,3,4,5,6 组成没有重复数字的四位数,共有 $A_7^4 - A_6^3 = 720$(个).

个位、十位和百位上的数字之和为奇数的情形有两种:

(1)个位、十位和百位上的数字都是奇数,此时千位是偶数,有 $C_3^1 A_3^3 = 18$(个);

(2)个位、十位和百位上的数字有一个奇数和两个偶数;

①若千位是奇数,有 $C_3^1 C_2^1 C_4^2 A_3^3 = 216$(个);

②若千位是偶数,有 $C_3^1 C_2^1 C_3^1 A_3^3 = 162$(个);

所以符合题意的四位数有 $720 - (18 + 216 + 162) = 324$(个).

解法 3 个位、十位和百位上的数字之和为偶数的情形有两种:

(1)个位、十位和百位上的数字都是偶数;

千位是奇数有 $C_3^1 A_4^3 = 72$(个);

千位是偶数有 $C_3^1 A_3^3 = 18$(个);

(2)个位、十位和百位上的数字有一个偶数和两个奇数;

千位是奇数有 $C_3^1 C_4^1 A_3^3 = 72$(个);

千位是偶数有 $C_3^1 C_3^2 C_3^1 A_3^3 = 162$(个).

所以,共有 $72 + 18 + 72 + 162 = 324$(个).

例 12.4(2006 年全国 I 卷) 设集合 $I = \{1, 2, 3, 4, 5\}$. 选择 I 的两个非空子集 A 和 B,要使 B 中最小的数大于 A 中最大的数,则不同的选择方法共有( ).

A. 50 种　　　　B. 49 种　　　　C. 48 种　　　　D. 47 种

本题的关键在于对题目的条件如何思考,条件(1)是 A 和 B 是非空子集,条件(2)是 B 中最小的数大于 A 中最大的数,怎样实现这两个条件?最好的方法是分类讨论.

解法 1 从条件(2)中的"B 中最小的数"入手,进行分类,共有 4 类:

①B 中最小的数为 2. 此时 A 仅有 1 种选法,即 $A = \{1\}$,而 B 可以有 8 种选法,即 3,4,5 三个元素可以在 B 中,也可以不在 B 中;

②B 中最小的数为 3,此时 A 有 3 种选法,即 $A = \{1\}, \{2\}, \{1, 2\}$,而 B 有 4 种选法,即 4,5 两个元素可以在 B 中,也可以不在 B 中;

③B 中最小的数为 4,此时 A 有 7 种选法,即 A 为 $\{1, 2, 3\}$ 的非空子集,而 B 有 2 种选法,即 5 可以在 B 中,也可以不在 B 中;

④B中最小的数为5,此时A有15种选法,即A为$\{1,2,3,4\}$的非空子集,而B仅有1种选法,即5在B中.

由以上,不同的选择方法共有$1\times 8+3\times 4+7\times 2+15\times 1=49$(种).故选B.

从这个解法中,根据最小数出现的不同情形进行分类,可以看出,分类讨论与整合的数学思想是解题的关键.

解法2 从集合A和B的元素个数入手,进行分类,共有10类:

若集合A,B中分别有一个元素,则选法有$C_5^2=10$(种);

若集合A中有一个元素,集合B中有两个元素,则选法有$C_5^3=10$(种);

若集合A中有一个元素,集合B中有三个元素,则选法有$C_5^4=5$(种);

若集合A中有一个元素,集合B中有四个元素,则选法有$C_5^5=1$(种);

若集合A中有两个元素,集合B中有一个元素,则选法有$C_5^3=10$(种);

若集合A中有两个元素,集合B中有两个个元素,则选法有$C_5^4=5$(种);

若集合A中有两个元素,集合B中有三个元素,则选法有$C_5^5=1$(种);

若集合A中有三个元素,集合B中有一个元素,则选法有$C_5^4=5$(种);

若集合A中有三个元素,集合B中有两个元素,则选法有$C_5^5=1$(种);

若集合A中有四个元素,集合B中有一个元素,则选法有$C_5^5=1$(种).

总计有49种,故选B.

解法3 从集合A,B元素的总个数入手,进行分类,共有4类.

集合A,B中没有相同的元素,且都不是空集.

从5个元素中选出2个元素,有$C_5^2=10$(种)选法,再分成两组,每组1个元素,然后把小的给集合A,大的给集合B;

从5个元素中选出3个元素,有$C_5^3=10$(种)选法,再分成两组,分别为1个元素和2个元素,然后把较小元素的一组给集合A,较大元素的一组的给集合B,共有$2\times 10=20$(种)方法;

从5个元素中选出4个元素,有$C_5^4=5$(种)选法,再分成两组,每组分别有1个和3个元素,2个和2个元素,3个和1个元素,然后把较小元素的一组给集合A,较大元素的一组的给集合B,共有$3\times 5=15$(种)方法;

从5个元素中选出5个元素,有$C_5^5=1$(种)选法,再分成两组,每组分别有1个和4个元素,2个和3个元素,3个和2个元素,4个和1个元素,然后把较小元素的一组给集合A,较大元素的一组的给集合B,共有$4\times 1=4$(种)方法.

总计为$10+20+15+4=49$(种)方法.故选B.

例 12.5(2008 年全国 I 卷,理) 如图 25,一环形花坛分成 A,B,C,D 四块,现有 4 种不同的花供选种,要求在每块里种 1 种花,且相邻的 2 块种不同的花,则不同的种法总数为( ).

A. 96   B. 84
C. 60   D. 48

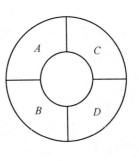

图 25

解本题的关键是灵活运用分类计数原理和分步计数原理.

解法 1 ①用两种花时,取花方法有 C_4^2 种.把这两种不同的花分别按对角方位种植,其方法有 C_2^1 种,由"分步计数原理",取两种花的种植方法有 $C_4^2 \cdot C_2^1 = 12$(种);

②用三种花时,取花方法有 C_4^3 种,从这三种花中先取一种,则有 C_3^1 种取法,将其按对角方位栽植,应有 C_2^1 种方案.由于三种花都要种植,因此把其他两种栽入另外两个位置也有 C_2^1 种方法.故种三种花的栽植方法有

$$C_4^3 \cdot C_3^1 \cdot C_2^1 \cdot C_2^1 = 48(种)$$

③用四种花时,显然有 $A_4^4 = 24$(种)方法.

故由"分类计数原理",不同的种法共有 $12+48+24=84$(种).故选 B.

解法 2 分类讨论:取 4 种花来种,显然有 $A_4^4 = 24$(种)方法;

取 3 种花来种,必定有相对的两块地种同一种花,不妨先定为 A,C 且视"捆绑"A,C 为一处.A,C 既然"合二为一",另有 B,D 两块地待种,这就相当于从 4 种花中取出 3 种并按一定顺序种植,考虑到同样也可"捆绑"B,D,故取三种花有 $2A_4^3$ 种方法;

取 2 种花来种,显然有 A_4^2 种方法,由加法原理知,共有

$$A_4^4 + 2A_4^3 + A_4^2 = 24+48+12 = 84(种)$$

方法.故选 B.

解法 3 先放置 A 有 4 种放法,再放置 B 有 3 种方法,C 可以与 A 同色也可以和 A 不同色,当 C 与 A 同色时,D 有 3 种方法(D 只需与 A 不同色),当 C 与 A 异色时,D 有 2 种方法,故有 $4 \times 3 \times 3 + 4 \times 3 \times 2 \times 2 = 84$(种)方法.故选 B.

解法 4 考虑环形花坛被分隔为 n 块($n \geq 3$),用 4 种花去栽种,设相邻两块地种不同的花,有 a_n 种方法.易知 $a_3 = A_4^3 = 24$ 种(共三块地).

设这 n 块地顺时针排列成 $B_1, B_2, \cdots, B_n$ 状.

$n \geq 4$ 时,先确定在 B_1 处栽的花有 4 种选择,再确定 B_2 有 3 种, B_3 有 3 种(因为此时 B_3 与 B_1 可栽同一种),……, B_n 也有 3 种.

依乘法原理即"分步计算原理"共有 $4 \cdot 3^{n-1}$ 种栽置方法.

当 B_n 处的花与 B_1 处不同时,即是 a_n 中一种栽法.若 B_n 处的花与 B_1 处相同时,可视为 a_{n-1} 中的一种栽法.

所以在环形花坛的 n 块地中,符合题意的栽种方法共有 $a_n + a_{n-1} = 4 \cdot 3^{n-1}$ (种).

解法 5 考虑比解法 4 更一般的形式:

将圆分成 $n(n \geq 2)$ 个扇形,每个扇形用 m 种不同的颜色中的一种染色,要求相邻的扇形所染的颜色不同,共有多少种不同的染法?

设扇形为 $S_1, S_2, \cdots, S_n$,且设共有 a_n 种染色方法.

当 $n=1$ 时,有 $a_1 = 0$,当 $n=2$ 时,有 $a_2 = m(m-1)$.

当 $n \geq 2$ 时, S_1 有 m 种染法, S_2 有 $m-1$ 种染法, S_3 有 $m-1$ 种染法,……, S_n 有 $m-1$ 种染法,即共有 $m(m-1)^{n-1}$ 种染法.

此时,有两种可能:

(1) S_1 与 S_n 不同色,此时有 a_n 种染色方法;

(2) S_1 与 S_n 同色,此时有 a_{n-1} 种染色方法.

于是, $a_n + a_{n-1} = m(m-1)^{n-1}$. 即

$$a_n - (m-1)^n = -[a_{n-1} - (m-1)^{n-1}]$$

则数列 $\{a_n - (m-1)^n\}$ 是以 $a_2 = m(m-1) - (m-1)^2 = m-1$ 为首项, -1 为公比的等比数列

$$a_n - (m-1)^n = (m-1)(-1)^{n-2} = (m-1)(-1)^n$$

于是有
$$a_n = (m-1)(-1)^n + (m-1)^n \quad (n \geq 2)$$

当 $m=4, n=4$,即为本题,此时有

$$a_4 = (4-1)(-1)^4 + (4-1)^4 = 3 + 3^4 = 84 (种)$$

染色方法.

例 2.6 (2008 年浙江卷,文,理) 用 1,2,3,4,5,6 组成六位数(没有重复数字),要求任何相邻两个数字的奇偶性不同,且 1 和 2 相邻,这样的六位数的个数是_____.(用数字作答)

解法 1 第一步,让 1 和 2 相邻,就 1,2 的位置先后而言,有 A_2^2 种排法;

第二步,"捆绑"1,2,视其仅占一个数位,则在 5 个位置上为它任意选 1 个位置,有 C_5^1 种方法;

第三步,依题意在与 1 和 2 相邻的位置上安放其他数字有 2 种方法(2 在后,邻者为 3 或 5;1 在后邻者为 4 或 6);

第四步,在第 4 个位置上如法炮制,仍有 2 种方法;

第五步,其余 2 个位置只有一种排法.

故所求为 $A_2^2 \cdot C_5^1 \cdot 2 \cdot 2 \cdot 1 = 40$(种).

解法 2 将 1,2 看成一个整体,其占位法有 C_5^1 种,现仅考虑 1 在 2 前面的一类,12 的位置有 5 种,如 12□□□□. 第 1,3 空格内,一定放 3,5,第 2,4 空格内,一定放 4,6,故有 $A_2^2 \cdot A_2^2$ 种排法,总计 $5A_2^2 A_2^2 = 20$(种).

同样 2 在 1 前面的一类,如 21□□□□,同样也有 20 种排法.

故这样的六位数的个数为 40.

例 12.7(2006 年全国 II 卷) 5 名志愿者分到 3 所学校支教,每个学校至少去一名志愿者,则不同的分派方法共有(   ).

A. 150 种   B. 180 种   C. 200 种   D. 280 种

解 5 名人数分配上有 1,2,2 与 1,1,3 两种方式,若是 1,2,2,则有 $\dfrac{C_5^3 C_2^1 C_1^1}{A_2^2} \cdot A_3^3 = 60$(种),若是 1,1,3,则有 $\dfrac{C_5^1 C_4^1 C_3^2}{A_2^2} \cdot A_3^3 = 90$(种),所以共有 150(种),故选 A.

例 12.8(2008 年陕西卷,文,理) 某地奥运火炬接力传递路线共分 6 段,传递活动分别由 6 名火炬手完成. 如果第一棒火炬手只能从甲、乙、丙三人中产生,最后一棒火炬手只能从甲、乙两人中产生,则不同的传递方案共有＿＿＿＿种. (用数字作答)

解法 1 传递方案分四类:丙第一棒,甲第六棒有 A_4^4 种;丙第一棒,乙第六棒有 A_4^4 种;甲第一棒,乙第六棒有 A_4^4 种;乙第一棒,甲第六棒有 A_4^4 种. 共计 $4 \cdot A_4^4 = 96$(种).

解法 2 分两类,第一类,丙不担任首、尾两棒火炬手,以下分步进行:①依题意甲、乙 2 人为首、尾两棒火炬手,传递方案有 A_2^2 种;②其余 4 棒由另外 4 人承担,其传递方案有 A_4^4 种. 由"分步计数原理",此类传递方案有 $A_2^2 \cdot A_4^4 = 48$(种). 第二类,丙担任首、尾两棒火炬手,以下分步进行:①依题意丙只能担任首棒火炬手,最后一棒火炬手从甲、乙二人中产生,有 $C_1^1 \cdot C_2^1$ 种传递方案;②其余 4 棒由另外 4 人承担,传递方案有 A_4^4 种,由"分步计算原理",此类传递方案有 $C_1^1 \cdot C_2^1 \cdot A_4^4 = 48$(种).

综上,由"分类计数原理"满足题意要求的传递方案共有 $48 + 48 = 96$(种).

例 12.9（2002 年上海卷，理，文） 规定 $C_x^m = \dfrac{x(x-1)\cdots(x-m+1)}{m}$，其中 $x \in \mathbf{R}, m$ 是正整数，且 $C_x^0 = 1$，这是组合数 C_n^m（n, m 是正整数，且 $m \leqslant n$）的一种推广.

(1) 求 C_{-15}^5 的值；

(2) 组合数的两个性质：

① $C_n^m = C_n^{n-m}$；

② $C_n^m + C_n^{m-1} = C_{n+1}^m$.

是否都能推广到 C_x^m（$x \in \mathbf{R}, m \in \mathbf{N}_+$）的情形？若能推广，则写出推广的形式并给出证明；若不能，则说明理由.

(3) 已知组合数 C_n^m 是正整数，证明：当 $x \in \mathbf{Z}, m$ 是正整数时，$C_x^m \in \mathbf{Z}$.

本题涉及组合数的推广，这是本书第十章的内容，但是，第十章只推广到整数，本题中的 n 推广到实数.

解 (1) 根据题设的定义，有

$$C_{-15}^5 = \dfrac{(-15) \times (-16) \times (-17) \times (-18) \times (-19)}{5 \times 4 \times 3 \times 2 \times 1} = -C_{19}^5 = -11\,628$$

由本书第十章给出的组合数推广的定义：

n 是负整数，且 m 是正整数时

$$C_n^m = \begin{bmatrix} n \\ m \end{bmatrix} = (-1)^m \begin{bmatrix} |n|+m-1 \\ m \end{bmatrix} = (-1)^m C_{|n|+m-1}^m$$

还有下面的解法

$$C_{-15}^5 = (-1)^5 C_{|-15|+5-1}^5 = -C_{19}^5 = -11\,628$$

实际上，这两个解法是一致的.

(2) 首先研究性质① $C_n^m = C_n^{n-m}$ 能否推广？取 $x = \sqrt{2}, m = 2$，则

$$C_x^m = C_{\sqrt{2}}^2 = \dfrac{\sqrt{2}(\sqrt{2}-1)}{2!} = \dfrac{2-\sqrt{2}}{2}$$

故 $C_x^{x-m} = C_{\sqrt{2}}^{\sqrt{2}-2}$ 无意义. 因此，性质①不能推广；（在本书第十章，我们已经证明了当 x 和 m 都是整数时，性质 $C_n^m = C_n^{n-m}$ 能够成立）.

再研究性质② $C_n^m + C_n^{m-1} = C_{n+1}^m$ 能否推广：

当 $m = 1$ 时，有 $C_x^1 + C_x^0 = x + 1 = C_{x+1}^1$.

当 $m \geqslant 2$ 时，有

$$C_x^m + C_x^{m-1} = \dfrac{x(x-1)\cdots(x-m+1)}{m!} + \dfrac{x(x-1)\cdots(x-m+2)}{(m-1)!}$$

$$= \frac{x(x-1)\cdots(x-m+1)+mx(x-1)\cdots(x-m+2)}{m!}$$

$$= \frac{x(x-1)\cdots(x-m+2)(x-m+1+m)}{m!}$$

$$= \frac{(x+1)x(x-1)\cdots(x+1-m+1)}{m!}$$

$$= C_{x+1}^m$$

此时,对所有正整数 m 都有 $C_x^m + C_x^{m-1} = C_{x+1}^m$.

于是,性质②能够推广到 x 为实数,m 是正整数的情形.

(3)对 x 分为正整数,0,负整数三种情况讨论:

①当 x 是正整数时,若 $x \geqslant m$,由我们已学过的组合数的定义可知 $C_x^m \in \mathbf{Z}$.

若 $0 < x < m$,由题目的定义,必有

$$C_x^m = \frac{x(x-1)\cdots(x-m+1)}{m!} = 0 \in \mathbf{Z}$$

②当 $x = 0$ 时,有 $C_x^m = C_0^m = 0 \in \mathbf{Z}$.

③当 x 是负整数时,由于 m 是正整数,则

$$-x+m-1 > 0$$

$$C_x^m = \frac{x(x-1)\cdots(x-m+1)}{m!}$$

$$= (-1)^m \frac{(-x+m-1)\cdots(-x+1)(-x)}{m!}$$

$$= (-1)^m C_{-x+m-1}^m \in \mathbf{Z}$$

由以上可得,当 $x \in \mathbf{Z}$,m 是正整数时,$C_x^m \in \mathbf{Z}$.

本题所定义的 $C_x^m (x \in \mathbf{R}, m \in \mathbf{N}_+)$ 是组合数 $C_n^m (n, m$ 是正整数,且 $m \leqslant n)$ 的一种推广,当一个概念推广以后,一个自然的问题就是组合数原有的性质是否依旧成立,本题就是引导解题者对推广了的组合数进行研究. 第(1)问是帮助解题者熟悉和适应新的定义,即计算一个新数:C_{-15}^5;第(2)问则是研究当组合数推广之后,两个最主要的性质是否仍然成立,解决的办法是,如果成立,就要严格证明,如果不成立,则只要举出一个反例就够了. 而第(3)问是要证明,当 $x \in \mathbf{Z}$,m 是正整数时,C_x^m 也是整数,这需要对整数 x 分类进行讨论.

例 12.10(2008 湖南卷,理) 设【x】表示不超过 x 的最大整数(如【2】$= 2$,【$\frac{5}{4}$】$= 1$),对于给定的 $n \in \mathbf{N}_+$,定义 $C_n^x = \frac{n(n-1)\cdots(n-【x】+1)}{x(x-1)\cdots(x-【x】+1)}$,$x \in [1, +\infty)$,则当 $x \in \left[\frac{3}{2}, 3\right)$ 时,函数 C_8^x 的值域是( )

A. $\left[\dfrac{16}{3},28\right]$ B. $\left[\dfrac{16}{3},56\right)$

C. $\left(4,\dfrac{28}{3}\right)\cup[28,56)$ D. $\left(4,\dfrac{16}{3}\right]\cup\left(\dfrac{28}{3},28\right]$

解法 1 本题定义了一个新函数 C_8^x,它是组合数 C_n^m 的一个推广,解本题的关键是把 C_8^x 看做是 x 的函数,研究该函数的性质在 $x\in\left[\dfrac{3}{2},3\right)$ 的单调性,从而确定函数 C_8^x 的值域.

当 $x\in\left[\dfrac{3}{2},2\right)$ 时,因为 $[x]=1$,所以 $C_8^x=\dfrac{8}{x}$,此时为 $\left[\dfrac{3}{2},2\right)$ 上的减函数,因此有
$$\dfrac{8}{2}<C_8^x=\dfrac{8}{x}\leqslant\dfrac{8}{\frac{3}{2}}=\dfrac{16}{3}$$

即
$$C_8^x\in\left(4,\dfrac{16}{3}\right]$$

当 $x=2$ 时,$C_8^2=\dfrac{8\times7}{2\times1}=28$;

当 $x\in(2,3)$ 时,因为 $[x]=2$,所以 $C_8^x=\dfrac{8\times(8-2+1)}{x(x-[x]+1)}=\dfrac{56}{x(x-1)}$. 此时为 $(2,3)$ 内的减函数,因此有
$$\dfrac{56}{3\times(3-1)}=\dfrac{28}{3}<C_8^x=\dfrac{8\times(8-2+1)}{x(x-[x]+1)}=\dfrac{56}{x(x-1)}<\dfrac{56}{2\times(2-1)}=28$$

即
$$C_8^x\in\left(\dfrac{28}{3},28\right)$$

由以上, $C_8^x\in\left(4,\dfrac{16}{3}\right]\cup\{28\}\cup\left(\dfrac{28}{3},28\right)=\left(4,\dfrac{16}{3}\right]\cup\left(\dfrac{28}{3},28\right]$. 故选 D.

解法 2 当 $x\in\left[\dfrac{3}{2},2\right)$ 时, $C_8^{\frac{3}{2}}=\dfrac{8}{\frac{3}{2}}=\dfrac{16}{3}$,当 $x\to 2$ 时, $[x]=1$,所以 $C_8^x=\dfrac{8}{2}=4$;

当 $[2,3)$ 时, $C_8^2=\dfrac{8\times7}{2\times1}=28$,当 $x\to 3$ 时, $[x]=2$, $C_8^x=\dfrac{8\times7}{3\times2}=\dfrac{28}{3}$.

故函数 C_8^x 的值域是 $\left(4,\dfrac{16}{3}\right]\cup\left(\dfrac{28}{3},28\right]$. 故选 D.

例 12.11(2006 湖北卷,理) 将杨辉三角中的每一个数 C_n^r 都换成 $\dfrac{1}{(n+1)C_n^r}$,就得到一个如图 26 所示的分数三角形,成为莱布尼茨三角形,从莱

布尼茨三角形可看出 $\dfrac{1}{(n+1)C_n^r}+\dfrac{1}{(n+1)C_n^x}=\dfrac{1}{nC_{n-1}^r}$,其中 $x=$ _____. 令

$$a_n=\frac{1}{3}+\frac{1}{12}+\frac{1}{30}+\frac{1}{60}+\cdots+\frac{1}{nC_{n-1}^2}+\frac{1}{(n+1)C_n^2}$$

求 a_n.（原题为求 $\lim\limits_{n\to\infty} a_n$）.

$$\begin{array}{ccccccccccccc}
& & & & & & \frac{1}{2} & & & & & & \\
& & & & & \frac{1}{2} & & \frac{1}{2} & & & & & \\
& & & & \frac{1}{3} & & \frac{1}{6} & & \frac{1}{3} & & & & \\
& & & \frac{1}{4} & & \frac{1}{12} & & \frac{1}{12} & & \frac{1}{4} & & & \\
& & \frac{1}{5} & & \frac{1}{20} & & \frac{1}{30} & & \frac{1}{20} & & \frac{1}{5} & & \\
& \frac{1}{6} & & \frac{1}{30} & & \frac{1}{60} & & \frac{1}{60} & & \frac{1}{30} & & \frac{1}{6} & \\
\frac{1}{7} & & \frac{1}{40} & & \frac{1}{100} & & \frac{1}{100} & & \frac{1}{100} & & \frac{1}{40} & & \frac{1}{7}
\end{array}$$

图 26

解 第一问,对比杨辉三角的性质,通过观察可知,"莱布尼茨三角形"中,任一数都等于它的"脚下"的两数之和,因此 $x=r+1$.

第二问,解法 1:是求"莱布尼茨三角形"中,从第三项起,每一行的倒数第三项的和,则

$$\begin{aligned}
a_n &= \frac{1}{3}+\frac{1}{12}+\frac{1}{30}+\frac{1}{60}+\cdots+\frac{1}{nC_{n-1}^2}+\frac{1}{(n+1)C_n^2} \\
&= \frac{1}{3C_2^2}+\frac{1}{4C_3^2}+\frac{1}{5C_4^2}+\cdots+\frac{1}{nC_{n-1}^2}+\frac{1}{(n+1)C_n^2} \\
&= \frac{1}{3C_2^2}+\frac{1}{4C_3^2}+\frac{1}{5C_4^2}+\cdots+\frac{1}{nC_{n-1}^2}+ \\
&\quad \left(\frac{1}{(n+1)C_n^2}+\frac{1}{(n+1)C_n^1}\right)-\frac{1}{(n+1)C_n^1} \\
&= \frac{1}{3C_2^2}+\frac{1}{4C_3^2}+\frac{1}{5C_4^2}+\cdots+\left(\frac{1}{nC_{n-1}^2}+\frac{1}{nC_{n-1}^1}\right)-\frac{1}{(n+1)C_n^1} \\
&= \frac{1}{3C_2^2}+\frac{1}{4C_3^2}+\frac{1}{5C_4^2}+\cdots+\frac{1}{(n-1)C_{n-2}^1}-\frac{1}{(n+1)C_n^1} \\
&\quad \vdots \\
&= \frac{1}{3C_2^2}+\frac{1}{3C_2^1}-\frac{1}{(n+1)C_n^1}
\end{aligned}$$

109

$$= \frac{1}{2C_1^1} - \frac{1}{(n+1)C_n^1} = \frac{1}{2} - \frac{1}{n(n+1)}$$

$$(\lim_{n \to \infty} a_n = \frac{1}{2})$$

解法 2：由 $\dfrac{1}{(n+1)C_n^r} + \dfrac{1}{(n+1)C_n^{r+1}} = \dfrac{1}{nC_{n-1}^r}$ 得

$$\frac{1}{(n+1)C_n^{r+1}} = \frac{1}{nC_{n-1}^r} - \frac{1}{(n+1)C_n^r}$$

令 $r=1, n=2,3,4,\cdots$ 有

$$\frac{1}{3} = \frac{1}{(2+1)C_2^2} = \frac{1}{2C_1^1} - \frac{1}{3C_2^1}$$

$$\frac{1}{12} = \frac{1}{(3+1)C_3^2} = \frac{1}{3C_2^1} - \frac{1}{4C_3^1}$$

$$\frac{1}{30} = \frac{1}{(4+1)C_4^2} = \frac{1}{4C_3^1} - \frac{1}{5C_4^1}$$

$$\vdots$$

$$\frac{1}{nC_{n-1}^2} = \frac{1}{(n-1)C_{n-2}^1} - \frac{1}{nC_{n-1}^1}$$

$$\frac{1}{(n+1)C_n^2} = \frac{1}{nC_{n-1}^1} - \frac{1}{(n+1)C_n^1}$$

所以

$$a_n = \frac{1}{3} + \frac{1}{12} + \frac{1}{30} + \frac{1}{60} + \cdots + \frac{1}{nC_{n-1}^2} + \frac{1}{(n+1)C_n^2} = \frac{1}{2} - \frac{1}{(n+1)n}$$

$$(\lim_{n \to \infty} a_n = \frac{1}{2})$$

本题是通过对"杨辉三角形"的研究类比对"莱布尼茨三角形"的研究，在"杨辉三角形"的研究中，恒等式 $C_n^r + C_n^{r-1} = C_{n+1}^r$ 是关键，同样，在对"莱布尼茨三角形"的研究中，恒等式 $\dfrac{1}{(n+1)C_n^r} + \dfrac{1}{(n+1)C_n^{r+1}} = \dfrac{1}{nC_{n-1}^r}$ 也是解题的关键.

例 12.12（2003 上海卷，理）　已知数列 $\{a_n\}$（n 为正整数）是首项为 a_1，公比为 q 的等比数列.

(1)求和

$$a_1 C_2^0 - a_2 C_2^1 + a_3 C_2^2, a_1 C_3^0 - a_2 C_3^1 + a_3 C_3^2 - a_4 C_3^3$$

(2)由(1)的结果归纳概括出关于正整数 n 的一个结论，并加以证明.

解　(1)由题设，$a_n = a_1 q^{n-1}$，则

$$a_1 C_2^0 - a_2 C_2^1 + a_3 C_2^2 = a_1 - 2a_1 q + a_1 q^2$$

$$= a_1(1-2q+q^2) = a_1(1-q)^2$$
$$a_1C_3^0 - a_2C_3^1 + a_3C_3^2 - a_4C_3^3 = a_1 - 3a_1q + 3a_1q^2 - a_1q^3$$
$$= a_1(1-3q+3q^2-q^3) = a_1(1-q)^3$$

(2)由(1)的结果可归纳出下面的结论:

对 $n \in \mathbf{N}_+$ 有
$$a_1C_n^0 - a_2C_n^1 + a_3C_n^2 - a_4C_n^3 + \cdots + (-1)^n a_{n+1}C_n^n = a_1(1-q)^n$$

下面证明这一结论
$$a_1C_n^0 - a_2C_n^1 + a_3C_n^2 - a_4C_n^3 + \cdots + (-1)^n a_{n+1}C_n^n$$
$$= a_1C_n^0 - a_1qC_n^1 + a_1q^2C_n^2 - a_1q^3C_n^3 + \cdots + (-1)^n a_1q^nC_n^n$$
$$= a_1(C_n^0 - qC_n^1 + q^2C_n^2 - q^3C_n^3 + \cdots + (-1)^n q^n C_n^n)$$
$$= a_1(1-q)^n$$

最后一步用到了二项式定理.

本题实际上是本书第七章组合数与数列的例 7.5:

设数列 $\{a_k\}(k=0,1,2,\cdots,n)$ 是公差为 d 的等差数列,数列 $\{b_k\}(k=0,1,2,\cdots,n)$ 是公比为 q 的等比数列,证明:数列

$$a_0b_0C_n^0, a_1b_1C_n^1, a_2b_2C_n^2, \cdots, a_nb_nC_n^n \qquad ③$$

的和为

$$S = \sum_{k=0}^n a_k b_k C_n^k = b_0(a_0 + a_n q)(1+q)^{n-1} \qquad ④$$

若数列 $\{a_k\}$ 为公差为 0,各项为 1 的等差数列 $\{a_k=1\}$,数列 $\{b_k\}$ 是首项为 b_0,公比为 $-q$ 的等比数列,则由式④,有

$$S = b_0(1-q)(1-q)^{n-1} = b_0(1-q)^n$$

这就是这道高考试题的结果.

练习十二

1.(2009 四川卷,文)2 位男生和 3 位女生共 5 位同学站成一排,若男生甲不站两端,3 位女生中有且只有两位女生相邻,则不同排法的种数是( ).

　　A. 60　　　B. 48　　　C. 42　　　D. 36

2.(2006 湖南卷)在数字 1,2,3 与符号 +,- 五个元素的所有全排列中,任意两个数字都不相邻的全排列个数是( ).

　　A. 6　　　B. 12　　　C. 18　　　D. 24

3.(2009 湖北卷,理)将甲、乙、丙、丁四名学生分到三个不同的班,每个班至少分到一名学生,且甲、乙两名学生不能分到同一个班,则不同分法的种数为( ).

A.18　　　B.24　　　C.30　　　D.36

4.(2008 天津卷,理)有 8 张卡片分别标有数字 1,2,3,4,5,6,7,8,从中取出 6 张卡片排成 3 行 2 列,要求 3 行中仅有中间行的两张卡片上的数字之和为 5,则不同的排法共有( ).

A.1 344 种　B.1 248 种　C.1 056 种　D.960 种

5.(2009 陕西卷,理)从 0,1,2,3,4,5 这六个数字中任取两个奇数和两个偶数,组成没有重复数字的四位数的个数为( ).

A.300　　　B.216　　　C.180　　　D.162

6.(2008 年四川卷,理)从甲、乙等 10 名同学中挑选 4 名参加某项公益活动,要求甲、乙中至少有 1 人参加,则不同的挑选方法共有( ).

A.70 种　　B.112 种　　C.140 种　　D.168 种

7.(2006 年北京卷)在 1,2,3,4,5 这五个数字组成的没有重复数字的三位数中,各位数字之和为奇数的共有( ).

A.36 个　　B.24 个　　C.18 个　　D.6 个

8.(2006 年山东卷)已知集合 $A=\{5\}$,$B=\{1,2\}$,$C=\{1,3,4\}$,从这三个集合中各取一个元素构成空间直角坐标系中点的坐标,则确定的不同点的个数为( ).

A.33　　　B.34　　　C.35　　　D.36

9.(2006 天津卷)将 4 个颜色互不相同的球全部放入编号为 1 和 2 的两个盒子里,使得放入每个盒子里的球的个数不小于该盒子的编号,则不同的放球方法有( ).

A.10 种　　B.20 种　　C.36 种　　D.52 种

10.(2006 年重庆卷)将 5 名实习教师分配到高一年级的 3 个班实习,每班至少 1 名,最多 2 名,则不同的分配方案有( ).

A.30 种　　B.90 种　　C.180 种　　D.270 种

11.(2008 安徽卷,理 12)12 名同学合影,站成前排 4 人后排 8 人,现摄影师要从后排 8 人中抽 2 人调整到前排,若其他人的相对顺序不变,则不同调整方法的总数是( ).

A.$C_8^2 A_3^2$　　B.$C_8^2 A_6^6$　　C.$C_8^2 A_5^2$　　D.$C_8^2 A_5^2$

12.(2008 年上海卷,理)组合数 $C_n^r(n>r\geqslant 1,n,r\in \mathbf{Z})$ 恒等于( ).

A. $\dfrac{r+1}{n+1}C_{n-1}^{r-1}$ B. $(n+1)(r+1)C_{n-1}^{r-1}$

C. nrC_{n-1}^{r-1} D. $\dfrac{n}{r}C_{n-1}^{r-1}$

13.（2009 陕西卷，理，文）若
$$(1-2x)^{2\,009}=a_0+a_1x+\cdots+a_{2\,009}x^{2\,009}\quad(x\in\mathbf{R})$$
则 $\dfrac{a_1}{2}+\dfrac{a_2}{2^2}+\cdots+\dfrac{a_{2\,009}}{2^{2\,009}}$ 的值为（　　）.

A. 2   B. 0   C. -1 D. -2

14.（2008 年重庆卷，理）某人有 4 种颜色的灯泡（每种颜色的灯泡足够多），要在如图 27 所示的 6 个点 A,B,C,A_1,B_1,C_1 上各装一个灯泡，要求同一条线段两端的灯泡不同色，则每种颜色的灯泡都至少用一个的安装方法共有　　种.（用数字作答）

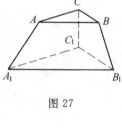

图 27

15.（2009 年重庆卷，理）将 4 名大学生分配到 3 个乡镇去当村官，每个乡镇至少一名，则不同的分配方案有　　　　种.（用数字作答）

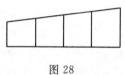

16.（2007 年天津卷，理）如图 28，用 6 种不同的颜色给图中的 4 个格子涂色，每个格子涂一种颜色，

图 28

要求最多使用 3 种颜色且相邻的两个格子颜色不同，则不同的涂色方法共有　　　　种.（用数字作答）

17.（2007 年辽宁卷，理，文）将数字 $1,2,3,4,5,6$ 拼成一列，记第 i 个数为 $a_i(i=1,2,\cdots,6)$，若 $a_1\neq 1$，$a_3\neq 3$，$a_5\neq 5$，$a_1<a_3<a_5$，则不同的排列方法有　　　　种.（用数字作答）

18.（2006 年陕西卷）某校从 8 名教师中选派 4 名教师同时去 4 个边远地区支教（每地 1 人），其中甲和乙不同去，甲和丙只能同去或同不去，则不同的选派方案共有　　　　种.

19.（2006 天津卷）用数字 $0,1,2,3,4$ 组成没有重复数字的五位数，则其中数字 $1,2$ 相邻的偶数有　　　　个.（用数字作答）

20.（2006 上海春）电视台连续播放 6 个广告，其中含 4 个不同的商业广告和 2 个不同的公益广告，要求首尾必须播放公益广告，则共有　　　　种不同的播放方式.（结果用数值表示）

21.（2009 浙江卷理）观察下列等式

$$C_5^1 + C_5^5 = 2^3 - 2$$
$$C_9^1 + C_9^5 + C_9^9 = 2^7 + 2^3$$
$$C_{13}^1 + C_{13}^5 + C_{13}^9 + C_{13}^{13} = 2^{11} - 2^5$$
$$C_{17}^1 + C_{17}^5 + C_{17}^9 + C_{17}^{13} + C_{17}^{17} = 2^{15} + 2^7$$
$$\vdots$$

由以上等式推测到一个一般的结论：

对于 $n \in \mathbf{N}_+$，$C_{4n+1}^1 + C_{4n+1}^5 + C_{4n+1}^9 + \cdots + C_{4n+1}^{4n+1} = $ _____．

22．(2008 湖南卷，文)设【x】表示不超过 x 的最大整数，(如【2】=2，【$\frac{5}{4}$】=1)．对于给定的 $n \in \mathbf{N}_+$，定义 $C_n^x = \dfrac{n(n-1)(n-2)\cdots(n-【x】+1)}{x(x-1)\cdots(x-【x】+1)}$，$x \in [1, +\infty)$，则 $C_8^{\frac{3}{2}} = $ _____；当 $x \in [2,3)$ 时，函数 C_8^x 的值域是 _____．

数学竞赛中的组合计数问题

例 13.1(1991 年日本数学奥林匹克) 由 A,B 两个字母组成的长为 15 的序列,满足以下条件:

对于连续两个字母,要求 AA 出现 5 次,AB,BA,BB 各出现 3 次,问这样的序列共有多少个?

比如,在 $AABBAAAABAABBBB$ 中,AA 出现了 5 次,AB 出现了 3 次,BA 出现了 2 次,BB 出现了 4 次,不满足条件.

解 先考虑 A 开头的序列.由于 AB,BA,BB 恰好各出现 3 次,这样序列的结构是
$$-A_1B_1-A_2B_2-A_3B_3-A_4$$
在 $B_i(i=1,2,3)$ 之后恰好插进 3 个 B,设在 B_i 之后恰好插进了 x_i 个 B,则
$$x_1+x_2+x_3=3$$
这个方程的非负整数解为 $C_{3+2}^2=10$(个);

在 $A_i(i=1,2,3,4)$ 之前恰好插进 5 个 A,设在 A_i 之前恰好插进了 y_i 个 A,则
$$y_1+y_2+y_3+y_4=5$$
这个方程的非负整数解为 $C_{5+3}^3=56$(个).

于是,这样的序列共有 $10\times 56=560$(个).

例 13.2(1990 年中国高中数学联赛) 8 个女孩和 25 个男孩围成一圈,任意两个女孩之间至少站两个男孩,问共有多少种不同的排列方法?(只要把圆旋转一下就重合的排法认为是同一种)

解 固定女孩中的一个记为 A, 对任何一个满足要求的圆排列, 从 A 开始按顺时针方向将它变成一个直排.

如果以·代表女孩的位置, ×代表男孩的位置, 由于每个女孩的后面至少有两个男孩, 我们将每个女孩连同紧随其后的两个男孩 (·××) 作为一组, 记为⊗, 而其余的 $25-2\times 8=9$ (个) 男孩每人算做一组, 于是, 每一个·×的排列, 对应一个⊗×的排列

$$\underbrace{\cdot\times\times}_{\otimes}\underbrace{\cdot\times\times}_{\otimes}\underbrace{\times}_{\times}\underbrace{\cdot\times\times}_{\otimes}\cdots$$

这个排列第一组必须是·××, 因此, 排列的个数为 $C_{8+9-1}^7 = C_{16}^7$ (个).

对于上面的每一个排列, 女孩的站法有 7! 种 (因为是圆排列, A 固定在首位), 男孩的站法有 25! 种, 所以总的排列方法数为

$$C_{16}^7 \cdot 7! \cdot 25! = \frac{16! \cdot 25!}{9!}.$$

例 13.3(1964 年第 6 届国际数学奥林匹克) 在平面上给定 5 个点, 其中两两连线互不重合, 互不平行也互不垂直, 经过其中每点作其余各点间连线的垂线, 问当不计已知的 5 点时, 这些垂线的交点最多有多少个?

解 5 个给定点之间两两连线共有 $C_5^2 = 10$ (条), 每 3 点构成一个三角形, 共有 $C_5^3 = 10$ (个) 三角形.

由任何 4 点可连出 $C_4^2 = 6$ (条) 直线, 由第 5 点向这 6 条线作垂线, 总计有 $5\times 6=30$ (条) 垂线.

这 30 条垂线两两相交, 共有 $C_{30}^2 = 435$ (个) 交点 (包括重复计数和多余计数).

由于 5 点间 10 条连线的每一条, 从另外 3 点向它做垂线是互相平行的, 它们彼此之间没有交点, 所以要从总数 435 个点减去 $C_3^2 \times 10 = 30$ (个) 不存在的交点.

又因为 10 个三角形中的每一个三角形的三条高线交于一点, 所以又要减去 $10C_3^2 - 10 = 20$ (个) 交点.

此外, 由每个已知点都引出 6 条垂线, 这些垂线都交于已知点, 所以还要减去 $5C_6^2 = 75$ (个) 交点.

于是, 这些垂线的交点数为

$$435 - 30 - 20 - 75 = 310 (个)$$

例 13.4(1991 年中国国家集训队训练题) 设圆周上有 $n(n\geq 6)$ 个点, 其中每两点间连一条弦且任何 3 条弦在圆内有没有公共点. 问这些弦彼此相交共

能构成多少个不同的三角形?

解 (1)三个顶点都在圆周上的三角形,有 C_n^3 个;

(2)两个顶点在圆周上,一个顶点在圆内的三角形,如图 29 所示.圆周上的每 4 个点对应圆内的一个交点,所以有 $4C_n^4$ 个三角形;

(3)一个顶点在圆周上,两个顶点在圆内的三角形,如图 30 所示.圆周上的每 5 个点恰好对应 5 个这样的三角形,所以有 $5C_n^5$ 个三角形;

(4)三个顶点都在圆内的三角形,如图 31 所示.圆周上的每 6 个点恰好对应一个这样的三角形,所以有 C_n^6 个三角形.

由以上,共有 $C_n^3+4C_n^4+5C_n^5+C_n^6$ 个符合要求的三角形.

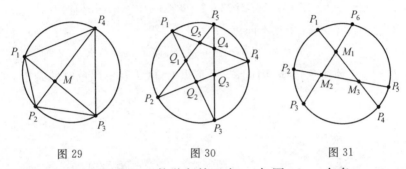

图 29 图 30 图 31

例 13.5(2008 年哥伦比亚数学奥林匹克) 如图 32,一个多米诺三角形是指边长为 1 的正三角形满足:中点三角形染上黑色,余下的三个角落里的小三角形染上三种不同的颜色.若共有五种不同的颜色可对角落里的小三角形染色.问:对一个边长为 3 的正三角形来说,一共有多少种不同的方法,使得嵌入 9 个多米诺三角形后,相邻的两个多米诺三角形中,所有具有公共边的两个角落里的三角形有相同的颜色?

解 如图 33,考虑边长为 3 的大正三角形中心 E 与其余六个顶点 B,D,H,I,F,C 组成两个形状为"〈"形的四点组 $E-CDI$ 及 $E-BHF$.

对其中一个四点组(不妨选 $E-CDI$)的四个顶点进行染色,可有三种满足题意的情况:

(1)三个顶点 C,D,I 同色.

此时,E 有 5 种颜色选择,C,D,I 有 4

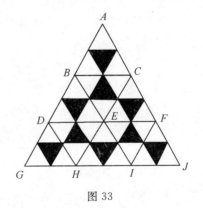

图 32

图 33

种颜色选择,同时,B,H,F 各有 3 种颜色选择.而 3 种颜色选择也各有 3 种颜色选择,因此,三个顶点 C,D,I 同色的染色方法共有 $5 \times 4 \times 3^3 \times 3^3 = 2^2 \times 3^6 \times 5$(种).

(2)如图 33,三个顶点 C,D,I 中有两个同色.

此时,E 有 5 种颜色选择,C,D,I 同色的那两个有 3 种不同位置的选择,每种位置一旦确定又可有 4 种颜色选择,而 C,D,I 余下的那个顶点有 3 种颜色选择,B,H,F 中夹在 C,D,I 同色两点中间的那个顶点可有 3 种颜色选择,其余两点各有 2 种颜色选择,最后点 A,G,J 各有 3 种颜色选择.因此,三个顶点 C,D,I 中有两个同色时的染色方法共有

$$5 \times 4 \times 3 \times 3 \times 3 \times 2 \times 2 \times 3 \times 3 \times 3 = 2^4 \times 3^6 \times 5 \text{(种)}$$

(3)三个顶点 C,D,I 互不同色.

此时,点 E,C,D,I 共有 A_5^4 种颜色选择,而 B,H,F 各有 2 种颜色选择,A,G,J 各有 3 种颜色选择.因此,三个顶点 C,D,I 互不同色时的染色方法共有

$$5 \times 4 \times 3 \times 2 \times 2^3 \times 3^3 = 2^6 \times 3^4 \times 5 \text{(种)}$$

综合以上,共有

$$2^2 \times 3^6 \times 5 + 2^4 \times 3^6 \times 5 + 2^6 \times 3^4 \times 5 = 98\,820 \text{(种)}$$

不同的选择.

例 13.6(1989 年澳大利亚数学奥林匹克) 设 n 是偶数,从整数 $1,2,\cdots,n$ 中选取 4 个不同的数 a,b,c,d 满足

$$a + c = b + d$$

证明:不同的选取方法(不考虑 a,b,c,d 的顺序)共有 $\dfrac{n(n-2)(2n-5)}{24}$ 种.

解 不妨设 $a > b > d$,由 $a + c = b + d$ 得 $d > c$.

考虑从正整数 $1,2,\cdots,n$ 中选取 3 个不同的数 a,b,c 且满足 $a + c - b \neq b$ 的选法数.

从 n 个数中选 3 个数 $a > b > c$ 的选法有 C_n^3 种,其中满足 $a + c - b = b$,即 $a + c = 2b$,此时 a 和 c 同奇偶.

因为 n 为偶数,设 $n = 2k$,则整数 $1,2,\cdots,n$ 中有 k 个奇数和 k 个偶数,有

$$2C_k^2 = 2C_{\frac{n}{2}}^2 = \frac{n}{2}\left(\frac{n}{2} - 1\right)$$

所以,取出的三元数组共有

$$C_n^3 - \frac{n}{2}\left(\frac{n}{2} - 1\right) = \frac{n(n-1)(n-2)}{6} - \frac{n(n-2)}{4}$$

$$= \frac{n(n-2)(2n-5)}{12}$$

上述的三元数组(a,b,c)确定一个符合题目要求的四元数组(a,b,c,d),只要满足$d=a+c-b$即可.

因为$d>c$,每个四元数组(a,b,c,d)出现两次(a,b,c)和(a,d,c)组成的四元组,因此符合题目要求的种数为$\frac{n(n-2)(2n-5)}{24}$种.

例 13.7(1987年美国数学奥林匹克) 已知一个由 0 和 1 组成的数列x_1, $x_2,\cdots,x_n$. A 为等于$(0,1,0)$或$(1,0,1)$的三元数组(x_i,x_j,x_k)的个数,其中$1\leqslant i<j<k\leqslant n$. 对于$1\leqslant i\leqslant n$,令$d_i$表示满足$j<i$且$x_j=x_i$,或$j>i$且$x_j\neq x_i$的$j$的个数.

(1)求证:$A=C_n^3-C_{d_1}^2-C_{d_2}^2-\cdots-C_{d_n}^2$;

(2)给定奇数n,求A的最大值.

解 (1)对于$i=1,2,\cdots,n$,令
$$D_i=\{x_i\mid x_j=x_i,1\leqslant j<i;x_j\neq x_i,i<j\leqslant n\}$$

于是$|D_i|=d_i$.

在D_i中任取 2 个元素加上x_i共三项,按下标从小到大的顺序排成三元数组,将所有这样的数组的集合记为S_i,显然$|S_i|=C_{d_i}^2$,将所有不满足题目要求的三元数组的集合记为T,则$S_i\subseteq T,i=1,2,\cdots,n$.

实际上,若$(x_i,x_j,x_k)\in S_i$,则$x_i\neq x_j=x_k$,若$(x_i,x_j,x_k)\in S_j$,则$x_i=x_j\neq x_k$,若$(x_i,x_j,x_k)\in S_k$,则$x_i=x_j=x_k$,由此可知,各S_i两两不交.

另一方面,T中任意一个三元数组(x_i,x_j,x_k)必为下列 6 种情形之一
$$(0,0,1),(1,1,0),(0,1,1),(1,0,0),(0,0,0),(1,1,1)$$

按定义,前两种情形属于S_j,中间两种情形属于S_i,后两种情形属于S_k,故有$T\subseteq\bigcup_{i=1}^n S_i$. 从而得到$T=\bigcup_{i=1}^n S_i$.

由此得到
$$A=C_n^3-|T|=C_n^3-C_{d_1}^2-C_{d_2}^2-\cdots-C_{d_n}^2$$

(2)按D_i和d_i的定义,对任意一个二元数组(x_i,x_j),$1\leqslant i<j\leqslant n$执行如下操作:若$x_i=x_j$,则$x_i\in D_j$,并在$d_j$中计数一次,若$x_i\neq x_j$,则$x_j$恰被$d_i$计数一次,由此可见,所有$d_i$之和恰为所有二元数组的个数,即$\sum_{i=1}^n d_i=C_n^2$.

为求A的最大值,只需求$\sum_{i=1}^n C_{d_i}^2$的最小值.由柯西不等式有

$$(\sum_{i=1}^{n}d_i)^2 \leqslant \sum_{i=1}^{n}d_i^2 \qquad ①$$

所以有

$$\sum_{i=1}^{n}C_{d_i}^2 = \frac{1}{2}\sum_{i=1}^{n}d_i(d_i-1) = \frac{1}{2}(\sum_{i=1}^{n}d_i^2 - \sum_{i=1}^{n}d_i)$$

$$\geqslant \frac{1}{2}\left[\frac{1}{n}(\sum_{i=1}^{n}d_i)^2 - \sum_{i=1}^{n}d_i\right]$$

$$= \frac{1}{2}\sum_{i=1}^{n}d_i\left(\frac{1}{n}\sum_{i=1}^{n}d_i - 1\right)$$

$$= \frac{1}{8}n(n-1)(n-3) \qquad ②$$

因为 $n=2k+1$,所以

$$n-1=2k, n-3=2k-2$$

$$\frac{1}{8}n(n-1)(n-3) = \frac{1}{2}nk(k-1) = nC_k^2$$

代入式②得

$$\sum_{i=1}^{n}C_{d_i}^2 \geqslant nC_k^2 \qquad ③$$

由式①可知,当且仅当 $d_1=d_2=\cdots=d_n=\frac{1}{2}(n-1)$ 时,式③的等号成立.

容易验证,当数列中奇数项均为 0,偶数项均为 1 时,所有 d_i 都相等.这表明式③的等号能够取到.

从而 A 的最大值为

$$C_n^3 - nC_k^2 = \frac{1}{6}n(n-1)(n-2) - \frac{1}{8}n(n-1)(n-3) = \frac{1}{24}n(n^2-1)$$

例 13.8(2007 年第 7 届中国西部数学奥林匹克） 已知

$$T=\{1,2,3,4,5,6,7,8\}$$

对于 $A \subseteq T, A \neq \varnothing$,定义 $S(A)$ 为 A 中所有元素之和.问:T 有多少个非空子集,使得 $S(A)$ 为 3 的倍数,但不是 5 的倍数?

解 对于空集 $\varnothing$,定义 $S(\varnothing)=0$. 令

$$T_0=\{3,6\}, T_1=\{1,4,7\}, T_2=\{2,5,8\}$$

对于 $A \subseteq T$,令 $A_0 = A \cap T_0, A_1 = A \cap T_1, A_2 = A \cap T_2$. $|M|$ 表示集合 M 众元素的个数.则

$$S(A) = S(A_0) + S(A_1) + S(A_2) \equiv |A_1| - |A_2| \pmod 3$$

因此,当且仅当 $|A_1| \equiv |A_2| \pmod 3$ 时,$S(A)$ 为 3 的倍数.而满足 $|A_1| \equiv |A_2| \pmod 3$ 的情形有以下 6 种

$$\begin{cases}|A_1|=0\\|A_2|=0\end{cases}, \begin{cases}|A_1|=0\\|A_2|=3\end{cases}, \begin{cases}|A_1|=3\\|A_2|=0\end{cases}, \begin{cases}|A_1|=3\\|A_2|=3\end{cases}, \begin{cases}|A_1|=2\\|A_2|=2\end{cases}, \begin{cases}|A_1|=1\\|A_2|=1\end{cases}$$

从而满足 $S(A)$ 为 3 的倍数的非空子集 A 的个数为

$$2^2(C_3^0 C_3^0 + C_3^0 C_3^3 + C_3^3 C_3^0 + C_3^3 C_3^3 + C_3^2 C_3^2 + C_3^1 C_3^1) - 1 = 87$$

其中 2^2 是对集合 $T_0 = \{3,6\}$ 中元素的选法，-1 是减去空集的情形.

若 $S(A)$ 为 3 的倍数且为 5 的倍数，由 3 与 5 互质，则 $S(A)$ 为 15 的倍数. 由于

$$S(T) = 1+2+3+4+5+6+7+8 = 36$$

故满足 $S(A)$ 为 15 的倍数的只有 $S(A) = 15, 30$.

使得 $S(A) = 15$ 的集合 A 有

$\{8,7\}, \{8,6,1\}, \{8,5,2\}, \{8,4,3\}, \{8,4,2,1\}, \{7,6,2\}, \{7,5,3\}$
$\{7,5,2,1\}, \{7,4,3,1\}, \{6,5,4\}, \{6,5,3,1\}, \{6,4,3,2\}, \{5,4,3,2,1\}$

共 13 个.

使得 $S(A) = 30$ 的集合 A 有

$\{1,2,3,4,5,7,8\}, \{2,3,4,6,7,8\}, \{1,3,5,6,7,8\}, \{4,5,6,7,8\}$

共 4 个.

所以使得 $S(A)$ 为 3 的倍数，但不是 5 的倍数的非空集合 A 有

$$87 - 13 - 4 = 70(个)$$

例 13.9（1990 年第 5 届中国数学奥林匹克） 设 $x \in \mathbf{N}_+$，若一串正整数 $1 = x_0, x_1, \cdots, x_l = x$ 满足

$$x_{i-1} < x_i, x_{i-1} | x_i, i = 1, 2, \cdots, l$$

则称 $\{x_0, x_1, x_2, \cdots, x_l\}$ 为 x 的一条因子链，l 为该因子链的长度，$L(x)$ 与 $R(x)$ 分别表示 x 的最长因子链的长度和最长因子链的条数. 试对于

$$x = 5^k \times 31^m \times 1990^n \quad (k, m, n \in \mathbf{N}_+)$$

求 $L(x)$ 与 $R(x)$.

解 先来推导 $L(y)$ 与 $R(y)$ 的一般表达式.

设 $y \in \mathbf{N}_+$ 的质因数分解式为

$$y = p_1^{\alpha_1} p_2^{\alpha_2} \cdots p_s^{\alpha_s} \qquad ①$$

其中 $p_1, p_2, \cdots, p_s$ 是互不相同的质数.

因为 y 的因子链仅有有限多条，所以存在最长的一条.

若某一条因子链相邻两数之商为合数，则可在这两数之间再插进一个数以加长因子链，因而最长因子链中，任何相邻两数之商为质数.

从 1 开始,逐次乘以 $p_1, p_2, \cdots, p_s$ 之一,并且乘以 p_i 的次数 $\alpha_i, i=1,2,\cdots, s$,最后得到式①的 y,共经过 $\alpha_1+\alpha_2+\cdots+\alpha_s$ 次乘法运算,因而知最长因子链的长度为

$$L(y)=\alpha_1+\alpha_2+\cdots+\alpha_s \qquad ②$$

容易看出,如下元素

$$p_1, p_1, \cdots, p_1, p_2, p_2, \cdots, p_2, \cdots, p_s, p_s, \cdots p_s$$

的任何一个排列都对应着式①的一条最长因子链

$$R(y)=\frac{(\alpha_1+\alpha_2+\cdots+\alpha_s)!}{\alpha_1! \, \alpha_2! \, \cdots \alpha_s!} \qquad ③$$

对于题目中的 x,有

$$x=5^k \times 31^m \times 1990^n = 2^n \times 5^{k+n} \times 31^m \times 199^n$$

根据式②,③有

$$L(x)=k+m+3n, \quad R(x)=\frac{(k+m+3n)!}{m! \, (k+n)! \, (n!)^2}$$

例 13.10(1968 年匈牙利数学奥林匹克) 以各种不同的方法将 n 个黑球和 n 个白球排成一行,并计算每种这样的排列中,球的颜色改变的次数. 求证: 颜色改变的次数为 $n-k$ 的排法和颜色改变的次数为 $n+k(0<k<n)$ 的排法的种数同样多.

解 首先,我们来计算,当 v 为奇数时,有多少种可以使 n 个黑球和 n 个白球排成一行,使得颜色改变的次数恰好为 v.

设 $v=2m+1$,在 n 个黑球和 n 个白球排成的一行中,我们把相邻两次改变颜色之间的若干个同色球称为一段. 由于共改变颜色 $2m+1$ 次,所以,这一行共有 $2m+2$ 段,其中黑球和白球各有 $m+1$ 段.

由此可见,改变颜色 v 次的每种排法,都对应于分别把 n 个黑球的一行和 n 个白球的一行分成 $m+1$ 段,然后把 $m+1$ 段黑球和 $m+1$ 段白球交替地排成一行所得. 所以,对于 n 个黑球和 n 个白球的每种分段法可以得到两种满足要求的排法,而对于 n 个黑球和 n 个白球的不同的一对分段法,得到改变颜色 v 次的排法互不相同.

将排成一行的 v 次黑球分成 $m+1$ 段,相当于从 $n-1$ 个空隙中取 m 个作段中的分界线,所以共有 C_{n-1}^m 种取法,因而,改变颜色 v 次的不同排法的总数为 $2(C_{n-1}^m)^2$.

这样,当 $n-k$ 为奇数时,$n+k$ 也为奇数,于是,颜色改变的次数为 $n-k$ 的排法和颜色改变的次数为 $n+k$ 的排法的种数分别为 $2(C_{n-1}^{m_1})^2, 2(C_{n-1}^{m_2})^2$.

其中 $m_1 = \frac{1}{2}(n-k-1), m_2 = \frac{1}{2}(n+k-1)$，易见 $m_1 + m_2 = n-1$，从而有 $C_{n-1}^{m_1} = C_{n-1}^{m_2}$.

可以看出,当 $n-k$ 为奇数时,颜色改变的次数为 $n-k$ 的排法和颜色改变的次数为 $n+k$ 的排法的种数相等.

当 v 为偶数时,设 $v = 2m$,这时,颜色改变次数为 $2m$ 的每种排法中,黑球和白球的段数之和为 $2m+1$,这时,或者有 $m+1$ 段黑球和 m 段白球,或者有 $m+1$ 段白球和 m 段黑球.

类似的论证可得,颜色改变次数为 $2m$ 的排法种数是 $2C_{n-1}^{m}C_{n-1}^{m-1}$.

这样,当 $n-k$ 为偶数时,$n+k$ 也为偶数,于是,颜色改变的次数为 $n-k$ 的排法和颜色改变的次数为 $n+k$ 的排法的种数分别为 $2C_{n-1}^{m_1}C_{n-1}^{m_1-1}$, $2C_{n-1}^{m_2}C_{n-1}^{m_2-1}$.

其中,$m_1 = \frac{1}{2}(n-k), m_2 = \frac{1}{2}(n+k)$,易见 $m_1 + m_2 - 1 = n-1$,从而有 $C_{n-1}^{m_1} = C_{n-1}^{m_2-1}, C_{n-1}^{m_1-1} = C_{n-1}^{m_2}$.

可以看出,当 $n-k$ 为偶数时,颜色改变的次数为 $n-k$ 的排法和颜色改变的次数为 $n+k$ 的排法的种数相等.

由以上,命题得证.

例 13.11(2009 年全国高中数学联合竞赛) 设 k, l 是给定的两个正整数,证明:有无穷多个正整数 $m(m \geq k)$,使得 C_m^k 与 l 互质.

证明 设 $l = p_1^{\alpha_1} p_2^{\alpha_2} \cdots p_n^{\alpha_n}$,其中 $p_1, p_2, \cdots, p_n$ 是质数, $\alpha_1, \alpha_2, \cdots, \alpha_n$ 是正整数,则

$$(C_m^k, l) = 1 \text{ 等价于} (C_m^k, p_i) = 1. \ i = 1, 2, \cdots, n$$

即证 $(C_m^k, p_i) = 1$ 对无穷多个正整数 $m(m \geq k)$ 成立.

由于

$$C_m^k = \frac{m!}{k!(m-k)!}$$

C_m^k 中 p_i 的幂次为

$$S = \sum_{j=1}^{\infty} \left[\frac{m}{p_i^j}\right] - \sum_{j=1}^{\infty} \left[\frac{k}{p_i^j}\right] - \sum_{j=1}^{\infty} \left[\frac{m-k}{p_i^j}\right]$$

只要证明对无穷多个正整数 $m(m \geq k)$, $S = 0$ 成立即可.

不妨设 $p_i^{x_i-1} \leq k < p_i^{x_i}$ ($x_i \in \mathbf{N}_+$),其中 x_i 由 p_i 和 k 唯一确定. 取任意的 y_i,使其满足 $y_i \geq x_i$ ($y_i \in \mathbf{N}_+$). 令

$$m_i = p_i^{y_i}, m = c m_1 m_2 \cdots m_n + k \quad (c \in \mathbf{N})$$

下面证明对任意的 m,均有 $S = 0$.

123

当 $j \leqslant y_i$ 时，$p_i^j \mid (m-k)$，则 $\frac{m-k}{p_i^j} \in \mathbf{N}$. 于是

$$\left[\frac{m}{p_i^j}\right]=\left[\frac{k}{p_i^j}+\frac{m-k}{p_i^j}\right]=\left[\frac{k}{p_i^j}\right]+\frac{m-k}{p_i^j}=\left[\frac{k}{p_i^j}\right]+\left[\frac{m-k}{p_i^j}\right]$$

所以
$$\left[\frac{m}{p_i^j}\right]-\left[\frac{k}{p_i^j}\right]-\left[\frac{m-k}{p_i^j}\right]=0$$

当 $j > y_i$ 时，$k < p_i^{x_i} \leqslant p_i^{y_i} < p_i^j$，显然 $0 < \frac{k}{p_i^j} < 1$，即 $\left[\frac{k}{p_i^j}\right]=0$.

不妨设 $j = y_i + a$，且 $m - k = (bp_i^a + \alpha)p_i^{y_i}$，其中
$$0 \leqslant \alpha \leqslant p_i^a - 1, 1 \leqslant b \leqslant p_i - 1$$

且 $\alpha, a, b \in \mathbf{N}$. 则
$$bp_i^j \leqslant m - k < m = (bp_i^a + \alpha)p_i^{y_i} + k$$
$$< bp_i^{a+y_i} + (\alpha + 1)p_i^{y_i} \leqslant (b+1)p_i^j$$

于是
$$b \leqslant \frac{m-k}{p_i^j} < \frac{m}{p_i^j} < b + 1$$

从而
$$\left[\frac{m-k}{p_i^j}\right]=\left[\frac{m}{p_i^j}\right]=b$$

因而
$$\left[\frac{m}{p_i^j}\right]-\left[\frac{k}{p_i^j}\right]-\left[\frac{m-k}{p_i^j}\right]=0$$

由以上可得对任意的 m，均有 $S = 0$. 因此
$$m = cm_1 m_2 \cdots m_n + k \quad (c \in \mathbf{N})$$

满足题意，且 $m \geqslant k$，m 有无穷多个.

于是有无穷多个正整数 $m(m \geqslant k)$，使得 C_m^k 与 l 互质.

例 13.12（2003 年为参加第 44 届 IMO 越南国家队选拔考试） 给定四个正整数 m, n, p, q，满足 $p < m$ 且 $q < n$. 在平面直角坐标系内取定四个点 $A(0,0), B(p,0), C(m,q), D(m,n)$. 考虑从 A 到 D 的路径 f 和从 B 到 C 的路径 g. f 和 g 只能是沿着坐标轴的正方向，且只能在整点处改变方向.（从一个坐标轴的正方向变为另一个坐标轴的正方向）

令 s 是满足 f 和 g 没有公共点的路径对 (f, g) 的个数. 证明
$$s = C_{m+n}^n C_{m+q-p}^q - C_{m+q}^m C_{m+n-p}^n$$

其中 C_n^k 表示 n 次二项展开式中第 k 项的系数.

证明 依题意，从 A 到 D 的路径 f 有 C_{m+n}^n 种，从 B 到 C 的路径 g 有 C_{m+q-p}^q 种，所以不加条件的 (f, g) 的总数有 $C_{m+n}^n C_{m+q-p}^q$ 种.

下面考虑相交的 (f, g) 的个数.

对任一组相交的(f,g). 如图 34,设他们的最后一个交点是 K,则 $K\to D$ 与 $K\to C$ 的局部路径上没有交点,交换这两段局部路径,于是,将(f,g)映射到路径
$$(i,j)=(A\to K\to C,B\to K\to D)$$
且这个映射是单射.

对另一组路径$(i,j)=(A\to C,B\to D)$,易知它们是相交的,同样设他们的最后一个交点是 K,并交换 $K\to C$ 与 $K\to D$ 的局部路径,得到一组$(A\to D,B\to C)$的路径,且它们相交,于是前面提到的映射是满射.

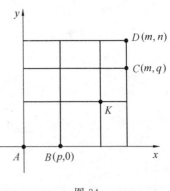

图 34

因而,此映射是双射.

所以,相交的(f,g)的个数等于(i,j)的个数. 又从 $A\to C$ 的路径 i 的个数为 C_{m+q}^m,从 $B\to D$ 的路径 j 的个数为 C_{m+n-p}^n.

于是相交的(f,g)的个数等于(i,j)的个数为 $C_{m+q}^m C_{m+n-p}^n$.

综上,f 和 g 没有公共点的路径对(f,g)的个数为
$$s=C_{m+n}^n C_{m+q-p}^q - C_{m+q}^m C_{m+n-p}^n$$

练习十三

1.(2008 年克罗地亚数学奥林匹克)求由 1,2,3,4,5 组成的所有各位数字互不相同的五位数之和.

2.(1990 年第 8 届美国数学邀请赛)在一次射击中,有 8 个泥质靶子挂成如图 35 所示的 3 列,一位神枪手按如下规则打掉所有靶子:

(1)首先要选择有一个靶子被打掉的一列;

(2)然后再被选的一列中打掉尚存的最下面一个靶子.

问打掉这 8 个靶子共有多少种不同顺序?

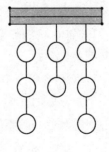

图 35

3.(2008 年全国高中数学联赛第一试)将 24 个志愿者名额分配给 3 个学校,则每校至少有一个名额且各校名额互不相同的分配方法共有多少种?

4.(1987年第4届美国数学邀请赛)在投掷硬币时,如果用 Z 表示正面朝上,F 表示反面朝上,那么投掷硬币的序列就表示为用 Z 和 F 组成的"串". 我们可以统计在这个序列中,正面紧跟反面(FZ)的出现的次数,正面紧跟正面(ZZ)的出现的次数,……,例如序列

$$ZZFFZZZZFZZFFFF$$

是 15 次投掷硬币的结果,其中有 5 个 ZZ,3 个 ZF,2 个 FZ,4 个 FF.

问:有多少个 15 次投掷硬币的序列,恰好有 2 个 ZZ,3 个 ZF,4 个 FZ,5 个 FF?

5.(1989年浙江省数学夏令营)将一枚硬币掷出,若出现正面,点 P 就在数轴上移动 $+1$,若出现反面就不动. 掷币次数不超过 12,而且点 P 到达了坐标点 $+10$,就不再掷币了,问点 P 到达坐标点 $+10$ 的所有不同情况有多少种?

6.(2008年意大利数学奥林匹克)一个 $(n-1) \cdot (n-1)$ 的正方形被分成 $(n-1)^2$ 个单位正方形,这些单位正方形的 n^2 个顶点中的每一个被染成红色或蓝色. 求不同的染色方法的数目,使得每个单位正方形的顶点中恰有两个红点.(在两种染色方法中,至少有一点被染的颜色不同就认为是两种不同的染色方法)

7.(1989年第7届美国数学邀请赛)在圆上标出 10 个点,以其中的某些点为顶点能构造出多少个不同的凸多边形?(只有顶点全部相同时,才算相同的多边形)

8.(1998年高中数学联赛)从 $0,1,2,\cdots,9$ 这 10 个数中取出 3 个数,使其和是不小于 10 的偶数,不同的取法共有多少种?

9.(1962年上海市高中数学竞赛)甲队有 $2m$ 人,乙队有 $3m$ 人. 现从甲队抽出 $14-m$ 人,乙队抽出 $5m-11$ 人参加游戏. 问:甲、乙队各有多少人?参加游戏的人有多少种不同的选法?

10.(1991年日本数学奥林匹克)至少通过一个立方体的 3 条棱中点的平面共有多少个?

11.(1998年高中数学联赛)从给定的 6 种不同的颜色中选用若干种颜色,将一个正方体的 6 个面涂色,每面涂一种颜色,每两个有公共棱的相邻面都涂有不同的颜色. 问:不同的涂色方案共有多少种?(如果两个涂色的正方体中的一个经若干次翻转可以使两个正方体的涂色情形完全一致,则认为两者原来的涂色方案是同一种)

习题答案或提示

练习一

1. (1)A_7^3；(2)A_9^x；(3)$A_{1\,984}^{1\,984}$；(4)$A_{2\,010}^{62}$；(5)A_{30-n}^{13}.

2. (1)C_8^3（或 C_8^5）；(2)C_{10}^{6-n}（或 C_{10}^{4+n}）；(3)C_{m+5}^m（或 C_{m+5}^5）；(4)C_{m+1}^m（或 C_{m+1}^1）.

3. (1)可得
$$A_m^4 = 3\,024 = 2^4 \times 3^3 \times 7 = 9 \times 8 \times 7 \times 6$$
$$= m(m-1)(m-2)(m-3)$$

则 $m=9$.

(2)$3A_8^n = 4A_9^{n-1}$ 化为

$$\frac{3 \times 8!}{(8-n)!} = \frac{4 \times 9!}{(10-n)!}$$

$$\frac{3}{(8-n)!} = \frac{4 \times 9}{(10-n)(9-n)(8-n)!}$$

$$1 = \frac{4 \times 3}{(10-n)(9-n)}$$

$$(10-n)(9-n) = 12$$

$$n^2 - 19n + 78 = 0$$

所以，$n=6$ 或 $n=13$.

因为 n 满足 $\begin{cases} 0 \leqslant n \leqslant 8 \\ 0 \leqslant n-1 \leqslant 9 \end{cases}$，所以 $1 \leqslant n \leqslant 8$，于是 $n=13$ 舍去，即 $n=6$.

(3)由 $C_x^4 = C_x^6$ 得 $\dfrac{x!}{4!\,(x-4)!} = \dfrac{x!}{6!\,(x-6)!}$，即

$$6\times 5\times(x-6)!=(x-4)(x-5)(x-6)!$$
$$x^2-9x-10=0$$

解得 $x=10$ 或 $x=-1$，由已知 $x\geq 6$，得 $x=10$.

(4)由 $C_x^4=\frac{1}{4}A_x^2$ 得 $\frac{x(x-1)(x-2)(x-3)}{4\times 3\times 2\times 1}=\frac{x(x-1)}{4}$，即 $x^2-5x=0$，解得 $x=5$ 或 $x=0$. 由已知 $x\geq 4$，得 $x=5$.

4.(1)由 $A_9^x>6A_9^{x-2}$ 得

$$\begin{cases}\frac{9!}{(9-x)!}>\frac{6\times 9!}{(11-x)!}\\ 0\leq x\leq 9\\ 0\leq x-2\leq 9\\ x\in \mathbf{Z}\end{cases}$$

解得

$$\begin{cases}(11-x)(10-x)>6\\ 2\leq x\leq 9\\ x\in \mathbf{Z}\end{cases}$$

$$\begin{cases}x<8\text{ 或 }x>13\\ 2\leq x\leq 9\\ x\in \mathbf{Z}\end{cases}$$

于是解为 $2\leq x<8$ 的整数，即 $x=2,3,4,5,6,7$.

(2)不等式组相当于

$$\begin{cases}C_{28}^r 2^{28-r}3^r\geq C_{28}^{r-1}2^{29-r}3^{r-1}\\ C_{28}^r 2^{28-r}3^r\geq C_{28}^{r+1}2^{27-r}3^{r+1}\\ r\in \mathbf{Z}\end{cases}$$

解得 $\begin{cases}\frac{82}{5}\leq r\leq \frac{87}{5}\\ r\in \mathbf{Z}\end{cases}$，则 $r=17$.

练习二

1.因为都包含甲、乙两人，所以：

第一步，从剩下的 4 人中选出 2 人进行排列，有 A_4^2 种；

第二步，研究甲和乙所在的位置，有三种可能：

甲在第一个位置,乙有 3 个位置可供选择;

甲在第二个位置,乙有 2 个位置可供选择;

甲在第三个位置,乙有 1 个位置可供选择.

于是,符合要求的排法有 $(3+2+1)A_4^2=72$(种).

2. 首先排 5 名男生有 A_5^5 种排法,由于要求任两名女生不排在一起,所以 4 名女生可以插入男生的 6 个空隙之间,有 A_6^4 种插入方法,所以共有 $A_5^5 A_6^4 = 43\,200$(种).

3. 若甲在左边,乙在右边,为保证甲、乙之间恰有 r 个人,甲只能站在从左数第 1 位,第 2 位,第 3 位,……,第 $n-r-1$ 位,共有 $n-r-1$ 种站法,乙的站法随着甲的确定而确定.

当甲、乙的位置确定之后,其余的 $n-2$ 个人可以随意去站,有 $A_{n-2}^{n-2}=(n-2)!$ 种站法.

所以,甲在乙的左边,符合题意的站法有 $(n-r-1)(n-2)!$ 种;

同样,乙在甲的左边,符合题意的站法也有 $(n-r-1)(n-2)!$ 种.

于是,符合题意的站法共有 $2(n-r-1)(n-2)!$ 种.

4. 若两个相同的数字是 1,则另外 2 个数字有 A_9^2 种排法,但是由于第一位必须是 1,因此第二个 1 可以有 3 个位置,于是,两个相同的数字是 1 的数有 $3A_9^2 = 3 \times 9 \times 8 = 216$(个);

若两个相同的数字不是 1,则题目要求的数可以这样得到:由 1 之外的 9 个数字选出 1 个数字构成一个数字相同的两位数,再从剩下的 8 个数字中选出 1 个插入数字相同的两位数的左边,中间或右边,有 3 种插入方法,再把 1 放在最高位,这样共有 $3C_9^1 C_8^1 = 3 \times 9 \times 8 = 216$(个).

所以共有 $216+216=432$(个)符合题意的数.

5. 考察其中的一个队,这个队只能和 8 个队比赛,而不和另外的 9 个队比赛.

在剩下的 9 个队里如果有两个队彼此不比赛,则本题得证.

如果没有两个队彼此不比赛,即 9 个队彼此都比赛,则要赛 $C_9^2 = 36$(场),但是在每一轮中,9 个队只能赛 4 场.由题设,一共赛了 8 轮,则仅赛 $4 \times 8 = 32 < 36$(场),出现矛盾.因此,一定有两个队彼此不比赛,即存在 3 个队彼此不比赛.

6. 符合题目要求的选法有下面 6 种情况:

(1) 女组长 1 名,男生 4 名(无组长)有 $C_3^0 C_5^4$ 种选法;

(2) 女生 2 名(包括女组长),男生 3 名(无组长)有 $C_3^1 C_5^3$ 种选法;

(3)女生 3 名(包括女组长),男生 2 名(无组长)有 $C_3^2 C_5^2$ 种选法;

(4)女生 1 名(无组长),男生 4 名(包括男组长)有 $C_3^1 C_5^3$ 种选法;

(5)女生 2 名(无组长),男生 3 名(包括男组长)有 $C_3^2 C_5^2$ 种选法;

(6)女生 3 名(无组长),男生 2 名(包括男组长)有 $C_3^3 C_5^1$ 种选法.

所以,符合要求的不同选法共有

$$C_3^0 C_5^4 + C_3^1 C_5^3 + C_3^2 C_5^2 + C_3^1 C_5^3 + C_3^2 C_5^2 + C_3^3 C_5^1 = 130(种)$$

7. 如果不考虑三角形的边的情形,则任取凸 n 边形的顶点中的 3 个,可以组成 C_n^3 个三角形.

其中不合要求的有如下两类:

第 1 类,以凸 n 边形的相邻两边作为三角形的两边,另一边不是凸 n 边形的边的三角形,其个数为 n.

第 2 类,以凸 n 边形的一边作为三角形的一边,另两边不是凸 n 边形的边的三角形,其个数为 $n(n-4)$.

所以,符合要求的三角形共有

$$C_n^3 - n - n(n-4) = \frac{1}{6}n(n-4)(n-5)(个)$$

8. 能组成三角形的个数为

$$C_m^2(C_n^1 + C_p^1) + C_n^2(C_m^1 + C_p^1) + C_p^2(C_m^1 + C_n^1) + C_m^1 C_n^1 C_p^1$$
$$= C_m^2(n+p) + C_n^2(m+p) + C_p^2(m+n) + mnp$$

9. 为方便计,把这 6 个人的编号为 1,2,3,4,5,6. 同时开锁的两个人记为 (i,j),其中 i,j 满足 $1 \leq i, j \leq 6$,且 $i \neq j$.

显然这样的二人组有 $C_6^2 = 15(个)$,且 $(i,j) = (j,i)$.

把二人组 (i,j) 打不开的锁记为 a_{ij},下面我们证明当 $(i,j) \neq (k,l)$ 时,a_{ij} 与 a_{kl} 不同.

用反证法. 若 a_{ij} 与 a_{kl} 相同,则二人组 (i,j) 和 (k,l) 同时打不开同一把锁,而 (i,j) 和 (k,l) 至少是三个人,与题设任何三个人都能把全部锁打开相矛盾.

于是,二人组打不开锁的个数与二人组的组数相同,既有 $C_6^2 = 15(把)$,显然,这是锁的最少数目.

10. 集合 $\{1,2,3,4,5,6,7\}$ 的所有子集的数目为 $2^7 = 128(个)$.

元素 1,2,3,4,5,6,7 中的任何一个在子集出现的次数为 $\frac{128}{2} = 64(次)$.

由于 7 在交替和中是最大数,因而永远是正数. 而 1,2,3,4,5,6 在交替和中,奇数位和偶数位出现的可能性相同,所以每个数有 32 次为正,32 次为负,因此，这 6 个数在交替和的总和中为 0.

于是，交替和总和为 $7\times 64=448$.

11. 设三个点为 A,B,C. 过点 A 的 m 条直线中的每一条都和过点 B 的 m 条直线相交于 m 个交点，和过点 C 的 m 条直线相交于 m 个交点，因此，过点 A 的 m 条直线中的每一条直线都得到 $2m$ 个交点.

于是，过点 A 的 m 条直线得到 $2m^2$ 个交点.

同样，过点 B 的 m 条直线和过点 C 的 m 条直线各有 $2m^2$ 个交点.

由于每个交点都是两条直线的交点，所以每个交点都被重复计算了一次，所以，共有 $\dfrac{2m^2+2m^2+2m^2}{2}=3m^2$（个）交点.

12. 若不考虑 0 是否在千位，则个位数是偶数的四位数有 $C_5^1 A_9^3$ 个，0 在千位的四位数有 $C_4^1 A_8^2$ 个，所以，共有四位偶数 $C_5^1 A_9^3 - C_4^1 A_8^2 = 2\,296$（个）.

13. 将 $2n$ 件不同的物品分成 n 组，每组 2 件的分法数为

$$C_{2n}^2 C_{2n-2}^2 \cdots C_2^2 = \dfrac{2n(2n-1)(2n-2)(2n-3)\cdots 2\cdot 1}{2^n}=\dfrac{(2n)!}{2^n}.$$

14. 从 6 名男队员中选出 2 名有 C_6^2 种选法，选出之后，让其分别站在乒乓球台的各一方，从 5 名女队员中选出 2 名进行排列，使一人站在乒乓球台的一方，一人站在乒乓球台的另一方，有 A_5^2 种排法.

于是有 $C_6^2 A_5^2 = 300$（种）不同的排法.

15. 有 $C_{32}^4 C_{28}^4 C_{24}^4 C_{20}^4 C_{16}^4 C_{12}^4 C_8^4 C_4^4 (A_4^4)^8 = 32!$（种）不同的分法.

16. 有 $\dfrac{C_{32}^4 C_{28}^4 C_{24}^4 C_{20}^4 C_{16}^4 C_{12}^4 C_8^4 C_4^4}{A_8^8}=\dfrac{32!}{8!\,(4!)^8}$（种）不同的分法.

练习三

1. 若不考虑体育不排在第一节，数学不排在最后一节的要求，则课表有 A_6^6 种排法. 其中体育在第一节的排法有 A_5^5 种，数学在最后一节也有 A_5^5 种，但这里包括体育在第一节同时数学在最后一节的 A_4^4 种排法.

由容斥原理得课表的排法有 $A_6^6 - 2A_5^5 + A_4^4 = 504$（种）.

2. 若不考虑每个数字至少出现 1 次，则这 n 位数字的每一位都有 $1,2,\cdots,k$ 这 k 个数字出现的 k 种可能，所以有 k^n 个 n 位数；

只有 $k-1$ 个数字出现的 n 位数有 $C_k^1 (k-1)^n$ 个；

只有 $k-2$ 个数字出现的 n 位数有 $C_k^2 (k-2)^n$ 个；

只有 $k-3$ 个数字出现的 n 位数有 $C_k^3(k-3)^n$ 个；

……

于是，这个集合有元素

$$k^n - C_k^1(k-1)^n + C_k^2(k-2)^n - C_k^3(k-3)^n + \cdots + (-1)^{k-1}C_k^{k-1}(\uparrow)$$

3. 有且仅有 k 封信装错，就相当于有且仅有 $n-k$ 封信装对，于是有

$$C_n^{n-k}\overline{n-(n-k)} = C_n^k\overline{k}$$

4. 由于 $C_n^{n-k}\overline{n-k} = C_n^k\overline{n-k}$ 表示有且仅有 k 封信装对的情形，因此待证的等式的左边依次表示：

有且仅有 n 封信装对 $(C_n^0\overline{0})$；

有且仅有 $n-1$ 封信装对 $(C_n^1\overline{1})$；

有且仅有 $n-2$ 封信装对 $(C_n^2\overline{2})$；

……

有且仅有 1 封信装对 $(C_n^{n-1}\cdot\overline{n-1})$；

全部装错 $C_n^n\cdot\overline{n}$。

而所有这些情形的总和就是 n 封信的全排列，即 $A_n^n = n!$，因此有

$$C_n^0\overline{0} + C_n^1\overline{1} + C_n^2\overline{2} + \cdots + C_n^{n-1}\cdot\overline{n-1} + C_n^n\cdot\overline{n} = n!$$

本题还可以用本章所采用的记号 $\overline{k} = (\xi-1)^k$，其中 $\xi^r = r!$ 来证明

$$C_n^0\overline{0} + C_n^1\overline{1} + C_n^2\overline{2} + \cdots + C_n^{n-1}\cdot\overline{n-1} + C_n^n\cdot\overline{n}$$
$$= 1 + C_n^1(\xi-1) + C_n^2(\xi-1)^2 + \cdots + C_n^{n-1}(\xi-1)^{n-1} + C_n^n(\xi-1)^n$$
$$= [1+(\xi-1)]^n$$
$$= \xi^n$$
$$= n!$$

5. (1) $\overline{6} = 6!\left(\dfrac{1}{2!} - \dfrac{1}{3!} + \dfrac{1}{4!} - \dfrac{1}{5!} + \dfrac{1}{6!}\right) = 265$；

(2) $C_6^3\overline{3} = 20\times 3!\left(\dfrac{1}{2!} - \dfrac{1}{3!}\right) = 40$.

练习四

1. 有 $C_8^4 = 70$（种）不同的折线.

2. 有 $C_9^4 = 126$(种).

3. 有 $C_3^1 C_5^2 C_7^3 C_{15}^6 = 5\ 255\ 250$ 种.

4. 在比赛中间比分是 6∶6 时有 C_{12}^6 种,从 6∶6 到 14∶9 有 C_{11}^3 种,从 14∶9 到 15∶9 有 1 种.

所以共有 $C_{12}^6 \cdot C_{11}^3 \cdot 1 = 152\ 460$(种).

5. 甲不失败相当于从 1∶0 打到 10∶8,有 $C_{9+8}^8 = C_{17}^8$(种)不同的比分情况,但这里包含了甲失败的情况,

其中从 (1,0) 开始甲失败的情况与从 (0,1) 开始到 (10,8) 的路径情况相同,有 $C_{10+7}^7 = C_{17}^7$(种),所以共有

$$C_{17}^8 - C_{17}^7 = \frac{17!}{8! \cdot 9!} - \frac{17!}{7! \cdot 10!} = \frac{2 \cdot 17!}{8! \cdot 10!} = 4\ 862(种)$$

不同的情况.

6. 找得开钱的购票者排队方式相当于拿 10 元钱比拿 20 元钱领先购买的情况.

建立直角坐标系,设拿 10 元钱的人数为横坐标,拿 20 元钱的人数为纵坐标,此题相当于从点 (0,0) 出发到点 (50,50) 的不同路径数 C_{100}^{50}(这里包括找不开钱的情况),减去从点 (0,0) 出发经过点 (0,1) 到点 (50,50) 的不同路径数 C_{100}^{49} 的差.

即找得开钱的购票者排队方式有 $C_{100}^{50} - C_{100}^{49} = \frac{1}{50} C_{100}^{49}$(种).

练习五

1. 设 x_i 为第 i 步上的台阶数. 由题设,x_i 是正整数,且 $i=1,2,3,4,5$. 本题转化为求一次不定方程 $x_1+x_2+x_3+x_4+x_5=10$ 的正整数解的个数,因此有 $C_{10-1}^{5-1} = C_9^4 = 126$(种).

2. 设甲种茶杯买了 x 个,乙种茶杯买了 y 个,本题转化为求一次不定方程
$$x+y=k, 0 \leq k \leq 10$$
的非负整数解的个数.

由于 $x+y=k$ 的非负整数解的个数为 C_{k+1}^1,$k=0,1,2,\cdots,10$,则不同的购买方法为
$$C_1^1 + C_2^1 + C_3^1 + C_4^1 + \cdots + C_{11}^1$$

$$=1+2+3+4+\cdots+11$$
$$=66$$

3.设测验成绩为优,良,中,差的人数依次为 x_1,x_2,x_3,x_4,则
$$x_1+x_2+x_3+x_4=50$$
其非负整数解的个数为 $C_{53}^3=23\ 426$.

4.本题相当于求一次不定方程
$$x_0+x_1+x_2+x_3+\cdots+x_{100}=50$$
的非负整数解的个数,其中 x_k 为得 k 分的人数.

所以得分不同的情况为 $C_{50+100}^{100}=C_{150}^{50}$(种).

5.10 道选择题的不同得分情况有
$$C_{10+2}^2-C_{10-3-1+2}^2=C_{12}^2-C_8^2=38(\text{种})$$
假设没有 14 人的得分相同,那么至多有 13 人的得分相同,则有
$$13\times 38=494<500$$
与有 500 人参加矛盾.

所以,至少有 14 人的得分相同.

练习六

1.由二项展开式
$$(x+1)^n=x^n+C_n^1 x^{n-1}+C_n^2 x^{n-2}+C_n^3 x^{n-3}+\cdots+C_n^r x^{n-r}+\cdots+C_n^n$$
令 $x=3$,即得
$$3^n+3^{n-1}C_n^1+3^{n-2}C_n^2+\cdots+3C_n^{n-1}+C_n^n=4^n$$

2.设 ω 为 1 的一个虚立方根,由二项展开式
$$(1+x)^n=C_n^0+C_n^1 x+C_n^2 x^2+C_n^3 x^3+\cdots+$$
$$C_n^r x^r+\cdots+C_n^n x^n \quad (n\in \mathbf{N}_+)$$
依次设 $x=1,\omega,\omega^2$,得
$$(1+1)^n=C_n^0+C_n^1+C_n^2+C_n^3+\cdots+C_n^r+\cdots+C_n^n=2^n \quad ①$$
$$(1+\omega)^n=C_n^0+C_n^1\omega+C_n^2\omega^2+C_n^3\omega^3+\cdots+C_n^r\omega^r+\cdots+C_n^n\omega^n \quad ②$$
$$(1+\omega^2)^n=C_n^0+C_n^1\omega^2+C_n^2\omega^4+C_n^3\omega^6+\cdots+C_n^r\omega^{2r}+\cdots+C_n^n\omega^{2n} \quad ③$$
注意到 1 的一个虚立方根的性质
$$\omega^3=1,1+\omega+\omega^2=0$$

$$1+\omega=1+\frac{-1+\sqrt{3}\,i}{2}=\frac{1+\sqrt{3}\,i}{2}=\cos\frac{\pi}{3}+i\sin\frac{\pi}{3}$$

$$1+\omega^2=-\omega=-\cos\frac{2\pi}{3}-i\sin\frac{2\pi}{3}=\cos\left(-\frac{\pi}{3}\right)+i\sin\left(-\frac{\pi}{3}\right)$$

(①+②+③)÷3 得

$$C_n^0+C_n^3+C_n^6+\cdots$$

$$=\frac{1}{3}[2^n+(1+\omega)^n+(1+\omega^2)^n]$$

$$=\frac{1}{3}\left[2^n+\left(\cos\frac{\pi}{3}+i\sin\frac{\pi}{3}\right)^n+\left(\cos\left(-\frac{\pi}{3}\right)+i\sin\left(-\frac{\pi}{3}\right)\right)^n\right]$$

$$=\frac{1}{3}\left(2^n+2\cos\frac{n\pi}{3}\right)$$

仿此，(①+②×ω^2+③×ω)÷3 可得

$$C_n^1+C_n^4+C_n^7+\cdots=\frac{1}{3}\left(2^n-2\cos\frac{n+1}{3}\pi\right)$$

(①+②×ω+③×ω^2)÷3 可得

$$C_n^2+C_n^5+C_n^8+\cdots=\frac{1}{3}\left(2^n-2\cos\frac{n-1}{3}\pi\right)$$

3. 由

$$C_m^0=C_{m+1}^0$$

$$C_{m+1}^1=C_{m+2}^1-C_{m+1}^0$$

$$C_{m+2}^2=C_{m+3}^2-C_{m+2}^1$$

$$\vdots$$

$$C_{m+n}^n=C_{m+n+1}^n-C_{m+n}^{n-1}$$

诸式相加得

$$C_m^0+C_{m+1}^1+C_{m+2}^2+\cdots+C_{m+n}^n=C_{m+n+1}^n$$

4. 可得

$$C_n^0+2C_n^1+3C_n^2+\cdots+(n+1)C_n^n$$

$$=(C_n^0+C_n^1+C_n^2+C_n^3+\cdots+C_n^n)+(C_n^1+2C_n^2+3C_n^3+\cdots+nC_n^n)$$

$$=2^n+(nC_{n-1}^0+nC_{n-1}^1+nC_{n-1}^2+\cdots+nC_{n-1}^{n-1})$$

$$=2^n+n2^{n-1}$$

$$=2^{n-1}(n+2)$$

5. 可得

$$C_n^1-2C_n^2+3C_n^3-\cdots+(-1)^n nC_n^n$$

135

$$= nC_{n-1}^0 - nC_{n-1}^1 + nC_{n-1}^2 - nC_{n-1}^3 + \cdots + (-1)^{n-1} nC_{n-1}^{n-1}$$
$$= n(C_{n-1}^0 - C_{n-1}^1 + C_{n-1}^2 - C_{n-1}^3 + \cdots + (-1)^{n-1} C_{n-1}^{n-1})$$
$$= n(1-1)^{n-1}$$
$$= 0$$

6. 由 $mC_n^m = nC_{n-1}^{m-1}$ 得

$$\frac{1}{m} C_{n-1}^{m-1} = \frac{1}{n} C_n^m$$

$$C_n^0 + \frac{1}{2} C_n^1 + \frac{1}{3} C_n^2 + \cdots + \frac{1}{n+1} C_n^n$$

$$= 1 + \frac{1}{n+1} C_{n+1}^2 + \frac{1}{n+1} C_{n+1}^3 + \cdots + \frac{1}{n+1} C_{n+1}^{n+1}$$

$$= \frac{1}{n+1} [(n+1) + C_{n+1}^2 + C_{n+1}^3 + \cdots + C_{n+1}^{n+1}]$$

$$= \frac{1}{n+1} [(C_{n+1}^0 + C_{n+1}^1 + C_{n+1}^2 + C_{n+1}^3 + \cdots + C_{n+1}^{n+1}) - C_{n+1}^0]$$

$$= \frac{1}{n+1} [(1+1)^{n+1} - 1]$$

$$= \frac{2^{n+1} - 1}{n+1}$$

7. 可得

$$C_n^0 - \frac{1}{2} C_n^1 + \frac{1}{3} C_n^2 - \frac{1}{4} C_n^3 \cdots + \frac{(-1)^n}{n+1} C_n^n$$

$$= \frac{1}{n+1} C_{n+1}^1 - \frac{1}{n+1} C_{n+1}^2 + \frac{1}{n+1} C_{n+1}^3 - \frac{1}{n+1} C_{n+1}^4 + \cdots + \frac{(-1)^n}{n+1} C_{n+1}^{n+1}$$

$$= \frac{1}{n+1} [(-C_{n+1}^0 + C_{n+1}^1 - C_{n+1}^2 + C_{n+1}^3 - C_{n+1}^4 + \cdots +$$

$$(-1)^n C_{n+1}^{n+1}) + C_{n+1}^0] = \frac{1}{n+1} [(-1+1)^{n+1} + 1]$$

$$= \frac{1}{n+1}$$

8. 由

$$(1+i)^n = C_n^0 + iC_n^1 - C_n^2 - iC_n^3 + C_n^4 + iC_n^5 - C_n^6 - iC_n^7 + \cdots$$

又

$$(1+i)^n = 2^{\frac{n}{2}} \left(\cos \frac{n\pi}{4} + i\sin \frac{n\pi}{4} \right)$$

分开实部和虚部，考察实部并比较实部得

$$C_n^0 - C_n^2 + C_n^4 - C_n^6 + \cdots = 2^{\frac{n}{2}} \cos \frac{n\pi}{4}$$

令 $n=4m$ 得

$$C_{4m}^0 - C_{4m}^2 + C_{4m}^4 - C_{4m}^6 + \cdots = 2^{\frac{4m}{2}} \cos \frac{4m\pi}{4} = 2^{2m} \cos m\pi = (-1)^m 4^m$$

9. $(1+x)^n = C_n^0 + C_n^1 x + C_n^2 x^2 + C_n^3 x^3 + \cdots + C_n^r x^r + \cdots + C_n^n x^n$;

$(1-x)^n = C_n^0 - C_n^1 x + C_n^2 x^2 - C_n^3 x^3 + \cdots + (-1)^r C_n^r x^r + \cdots + (-1)^n C_n^n x^n$;

$(1-x^2)^n = (1+x)^n (1-x)^n$;

$(1-x^2)^n$ 的展开式中，x^{2r} 的系数为 $(-1)^r C_n^r$，$(1+x)^n (1-x)^n$ 的展开式中，x^{2r} 的系数为

$$C_n^0 C_n^{2r} - C_n^1 C_n^{2r-1} + C_n^2 C_n^{2r-2} - \cdots + C_n^{2r} C_n^0$$

于是

$$C_n^0 C_n^{2r} - C_n^1 C_n^{2r-1} + C_n^2 C_n^{2r-2} - \cdots + C_n^{2r} C_n^0 = (-1)^r C_n^r$$

10. 对等式

$$(1-x)^n = C_n^0 - C_n^1 x + C_n^2 x^2 - C_n^3 x^3 + \cdots + (-1)^r C_n^r x^r + \cdots + (-1)^n C_n^n x^n$$

的两边的 x 求导数，乘以 x，再求导数，再乘以 x，再求导数，如此进行 n 次，最后令 $x=1$，就可以得到等式

$$C_n^1 - 2^n C_n^2 + 3^n C_n^3 - 4^n C_n^4 + \cdots + (-1)^{n-1} n^n C_n^n = (-1)^{n-1} n!$$

11. 对 m 施行数学归纳法．

(1) 当 $m=0$ 时

$$左边 = C_n^0 - \frac{1}{2} C_n^1 + \frac{1}{3} C_n^2 - \frac{1}{4} C_n^3 + \cdots + \frac{(-1)^n}{n+1} C_n^n$$

$$右边 = \frac{n!}{(n+1)!} = \frac{1}{n+1}$$

由第 7 题可得，左边＝右边．所以，当 $m=0$ 时，等式成立．

(2) 假设当 $m=k$ 时，等式成立，即

$$\frac{1}{k+1} C_n^0 - \frac{1}{k+2} C_n^1 + \frac{1}{k+3} C_n^2 - \frac{1}{k+4} C_n^3 + \cdots + \frac{(-1)^n}{k+n+1} C_n^n$$

$$= \frac{n! \ k!}{(n+k+1)!}$$

那么，当 $m=k+1$ 时

$$\frac{1}{k+2} C_n^0 - \frac{1}{k+3} C_n^1 + \frac{1}{k+4} C_n^2 - \frac{1}{k+5} C_n^3 + \cdots + \frac{(-1)^n}{k+n+2} C_n^n$$

$$= \frac{1}{k+2}(C_{n+1}^1 - C_n^1) - \frac{1}{k+3}(C_{n+1}^2 - C_n^2) + \frac{1}{k+4}(C_{n+1}^3 - C_n^3) + \cdots +$$

$$\frac{(-1)^{n-1}}{k+n+1}(C_{n+1}^n - C_n^n) + \frac{(-1)^n}{k+n+2}C_n^n$$

$$= \left(\frac{1}{k+1}C_n^0 - \frac{1}{k+2}C_n^1 + \frac{1}{k+3}C_n^2 - \frac{1}{k+4}C_n^3 + \cdots + \frac{(-1)^n}{k+n+1}C_n^n\right) +$$

$$\left(-\frac{1}{k+1}C_{n+1}^0 + \frac{1}{k+2}C_{n+1}^1 - \frac{1}{k+3}C_{n+1}^2 + \frac{1}{k+4}C_{n+1}^3 + \cdots + \right.$$

$$\left. \frac{(-1)^{n-1}}{k+n+1}C_{n+1}^n + \frac{(-1)^n}{k+n+2}C_{n+1}^{n+1}\right)$$

$$= \frac{n!\ k!}{(n+k+1)!} - \frac{(n+1)!\ k!}{(n+k+2)!}$$

$$= \frac{n!\ k!\ (n+k+2-n-1)}{(n+k+2)!}$$

$$= \frac{n!\ (k+1)!}{(n+k+2)!}$$

所以,当 $m=k+1$ 时,等式成立.

由以上,对所有非负整数 m,等式成立.

练习七

1. 可得

$$S = 1 + (1+2) + (1+2+3) + \cdots + (1+2+3+\cdots+n)$$
$$= C_2^2 + C_3^2 + C_4^2 + \cdots + C_{n+1}^2$$
$$= C_3^3 + C_3^2 + C_4^2 + \cdots + C_{n+1}^2$$
$$= C_4^3 + C_4^2 + \cdots + C_{n+1}^2$$
$$= C_5^3 + C_5^2 + \cdots + C_{n+1}^2$$
$$= \cdots =$$
$$= C_{n+2}^3$$
$$= \frac{1}{6}(n+2)(n+1)n$$

2. 可得

$$S = 1\times 2\times 3 + 2\times 3\times 4 + 3\times 4\times 5 + \cdots + n(n+1)(n+2)$$
$$= 6(C_3^3 + C_4^3 + C_5^3 + \cdots + C_{n+1}^3)$$
$$= 6(C_4^4 + C_4^3 + C_5^3 + \cdots + C_{n+1}^3)$$
$$= 6(C_5^4 + C_5^3 + C_6^3 + \cdots + C_{n+1}^3)$$

$$= \cdots =$$
$$= 6C_{n+3}^4$$
$$= \frac{6}{4!}(n+3)(n+2)(n+1)n$$
$$= \frac{1}{4}(n+3)(n+2)(n+1)n$$

3. 可得
$$a_k = 1^2 + 2^2 + 3^2 + \cdots + k^2$$
$$= \sum_{m=1}^{k} m^2$$
$$= \sum_{m=1}^{k} [m(m-1) + m]$$
$$= 2\sum_{m=1}^{k} C_m^2 + \sum_{m=1}^{k} C_m^1$$
$$= 2C_{k+1}^3 + C_{k+1}^2$$
$$S = 1^2 + (1^2 + 2^2) + (1^2 + 2^2 + 3^2) + \cdots + (1^2 + 2^2 + 3^2 + \cdots + n^2)$$
$$= \sum_{k=1}^{n} a_k$$
$$= 2(C_3^3 + C_4^3 + C_5^3 + \cdots + C_{n+1}^3) + (C_2^2 + C_3^2 + C_4^2 + \cdots + C_{n+1}^2)$$
$$= 2C_{n+2}^4 + C_{n+2}^3$$
$$= \frac{1}{12}(n+2)(n+1)n(n-1) + \frac{1}{6}(n+2)(n+1)n$$
$$= \frac{1}{12}(n+2)(n+1)^2 n$$

4. 可得
$$a_k = (2k-1)^2 = 4k(k-1) + 1 = 8C_k^2 + 1$$
$$S = 1^2 + 3^2 + 5^2 + \cdots + (2n-1)^2$$
$$= \sum_{k=1}^{n} a_k$$
$$= \sum_{k=1}^{n} (8C_k^2 + 1)$$
$$= 8(C_2^2 + C_3^2 + C_4^2 + \cdots + C_{n+1}^2) + n$$
$$= 8C_{n+1}^3 + n$$
$$= \frac{8}{6}(n+1)n(n-1) + n$$
$$= \frac{1}{3}n(4n^2 - 1)$$

5. 注意到 $\frac{1}{b_0}, \frac{1}{b_1}, \frac{1}{b_2}, \cdots, \frac{1}{b_n}$ 是公比为 $\frac{1}{q}$ 的等比数列,由本章的例 7.5 的结论可得

$$\frac{a_0}{b_0}C_n^0 + \frac{a_1}{b_1}C_n^1 + \frac{a_2}{b_2}C_n^2 + \cdots + \frac{a_n}{b_n}C_n^n$$

$$= \frac{a_0 + a_n \cdot \frac{1}{q}}{b_0}\left(1+\frac{1}{q}\right)^{n-1}$$

$$= \frac{a_0 q + a_n}{b_0 q^n}(1+q)^{n-1}$$

$$= \frac{a_0 q + a_n}{b_n}(1+q)^{n-1}$$

6. 注意到 $b_0, -b_1, b_2, -b_3, \cdots, (-1)^n b_n$ 是公比为 $-q$ 的等比数列,由本章的例 7.5 的结论可得

$$a_0 b_0 C_n^0 - a_1 b_1 C_n^1 + a_2 b_2 C_n^2 - \cdots + (-1)^n a_n b_n C_n^n = b_0 (a_0 - a_n q)(1+q)^{n-1}$$

练习八

1. $A_n^m = \frac{n!}{(n-m)!} = p_1^{\alpha_1} p_2^{\alpha_2} \cdots p_k^{\alpha_k}$,其中 $p_i (i=1,2,\cdots,k)$ 是质数

$$\alpha_i = \left(\left[\frac{n}{p_i}\right] + \left[\frac{n}{p_i^2}\right] + \cdots + \left[\frac{n}{p_i^t}\right]\right) - \left(\left[\frac{n-m}{p_i}\right] + \left[\frac{n-m}{p_i^2}\right] + \cdots + \left[\frac{n-m}{p_i^r}\right]\right)$$

其中 t 和 r 满足 $p_i^t \leqslant n$ 且 $p_i^{t+1} > n$,$p_i^r \leqslant n-m$,且 $p_i^{r+1} > n-m$.

2. 设

$$50! = 2^a \cdot 3^b \cdot 5^c \cdot 7^d \cdot 11^e \cdot 13^f \cdot 17^g \cdot 19^h \cdot 23^i \cdot 29 \cdot 31 \cdot 37 \cdot 41 \cdot 43 \cdot 47$$

$$a = \left[\frac{50}{2}\right] + \left[\frac{50}{2^2}\right] + \left[\frac{50}{2^3}\right] + \left[\frac{50}{2^4}\right] + \left[\frac{50}{2^5}\right] = 25+12+6+3+1 = 47$$

$$b = \left[\frac{50}{3}\right] + \left[\frac{50}{3^2}\right] + \left[\frac{50}{3^3}\right] = 16+5+1 = 22$$

$$c = \left[\frac{50}{5}\right] + \left[\frac{50}{5^2}\right] = 10+2 = 12, \quad d = \left[\frac{50}{7}\right] + \left[\frac{50}{7^2}\right] = 7+1 = 8$$

$$e = \left[\frac{50}{11}\right] = 4, \quad f = \left[\frac{50}{13}\right] = 3, \quad g = \left[\frac{50}{17}\right] = 2, \quad h = \left[\frac{50}{19}\right] = 2, \quad i = \left[\frac{50}{23}\right] = 2$$

所以

$$50! = 2^{47} \cdot 3^{22} \cdot 5^{12} \cdot 7^8 \cdot 11^4 \cdot 13^3 \cdot 17^2 \cdot 19^2 \cdot 23^2 \cdot 29 \cdot 31 \cdot 37 \cdot 41 \cdot 43 \cdot 47$$

3. 考察 40! 的质因数分解式中 5 的方次数为

$$\left[\frac{40}{5}\right]+\left[\frac{40}{5^2}\right]=8+1=9$$

由于 2 的方次数显然大于 5 的方次数，所以，40! 的末尾有 9 个 0.

4. $2^n!$ 的质因数分解式中 2 的方次数为

$$\left[\frac{2^n}{2}\right]+\left[\frac{2^n}{2^2}\right]+\left[\frac{2^n}{2^3}\right]+\cdots+\left[\frac{2^n}{2^n}\right]=2^{n-1}+2^{n-2}+\cdots+1=2^n-1$$

所以，α 的最大值为 2^n-1.

5. A_{40}^{16} 的质因数分解式中 5 的方次数为

$$\left(\left[\frac{40}{5}\right]+\left[\frac{40}{5^2}\right]\right)-\left[\frac{40-16}{5}\right]=8+1-4=5$$

所以，α 的最大值为 5.

6. 可得

$$C_{200}^{100}=\frac{200\times 199\times 198\times 197\times\cdots\times 102\times 101}{100!}$$

$$=2^{50}\times\frac{199\times 197\times 195\times\cdots\times 101}{50!}$$

此数是一个整数，且分子的因数都是三位奇数，因此，除三位奇质数之外，就是三位奇合数，我们所求的最大的两位数的质数因子只能从三位奇合数中寻找.

由于最大的奇数是 199，而 $\left[\frac{199}{3}\right]=66$，所以，所求的最大的两位数的质因数一定小于 66，而小于 66 的最大奇质数是 61，又因为 $61\times 3=183$ 恰为 C_{200}^{100} 的一个因数.

所以，所求的最大的两位数的质因数是 61.

7. C_{20}^7 的质因数分解式中 2 的方次数为

$$\left(\left[\frac{20}{2}\right]+\left[\frac{20}{2^2}\right]+\left[\frac{20}{2^3}\right]+\left[\frac{20}{2^4}\right]\right)-\left(\left[\frac{7}{2}\right]+\left[\frac{7}{2^2}\right]\right)-$$

$$\left(\left[\frac{13}{2}\right]+\left[\frac{13}{2^2}\right]+\left[\frac{13}{2^3}\right]\right)$$

$$=(10+5+2+1)-(3+1)-(6+3+1)=4$$

所以 C_{20}^7 是偶数.

8. 考虑 $C_p^r=\frac{p(p-1)\cdots(p-r+1)}{r!}$，因为 $1\leqslant r\leqslant p-1<p$，又因为 p 是质数，而大于 1 且小于 p 的正整数均不能被 p 整除，C_p^r 又是整数，分子中有因数

p. 所以 $p|C_p^r$. (记号 $p|C_p^r$ 表示 p 能整除 C_p^r,下同)

下面用这个结论证明 Fermat 小定理:若 p 是质数,且 $(a,p)=1$,则
$$p|a^{p-1}-1$$

由二项式定理
$$(a+1)^p=(C_p^1 a^{p-1}+C_p^2 a^{p-2}+\cdots+C_p^{p-1}p)+a^p+1$$

由 $p|C_p^r$,则
$$p|C_p^1 a^{p-1}+C_p^2 a^{p-2}+\cdots+C_p^{p-1}p$$

于是可记
$$C_p^1 a^{p-1}+C_p^2 a^{p-2}+\cdots+C_p^{p-1}p=mp$$

其中 m 是整数,则
$$(a+1)^p=mp+a^p+1$$
$$(a+1)^p-(a+1)=mp+a^p-a$$

于是 $(a+1)^p-(a+1)$ 与 A^p-a 被 p 除的余数相同. 取 $a=1$,则
$$(1+1)^p-(1+1)=2^p-2$$

与 $1^p-1=0$ 被 p 除的余数相同,于是 $p|2^p-2$. 取 $a=2$,则
$$(2+1)^p-(2+1)=3^p-3$$

与 2^p-2 被 p 除的余数相同. 于是 $p|3^p-3$, 从而可得 $p|a^p-a$. 即 $p|a(a^{p-1}-1)$, 又因为 a 与 p 互质,则 $p|a^{p-1}-1$.

练习九

1. 凸 n 边形的边和对角线共有 C_n^2 条. 若每 3 条组成一个三角形,则有 $C_{C_n^2}^3$ 个三角形. 但是从一个顶点引出的 3 条线(边和对角线)不能组成三角形,这样的情形有 nC_{n-1}^3 种.

所以,以凸 n 边形的各边及各对角线(包括边及对角线的延长线)为边可以组成 $C_{C_n^2}^3-nC_{n-1}^3$ 个.

2. 可以组成 $C_m^2 C_n^2$ 个平行四边形.

3. 凸 10 边形有 $C_{10}^2-10=35$(条)对角线,这些对角线把它分成 $C_{10}^4+C_9^2=246$(个)区域.

4. 由题意有 $C_k^0+C_k^1+C_k^2=37$,可以化为 $k^2+k-72=0$,解得 $k=-9$(舍去), $k=8$.

所以,8 条直线最多把它所在的平面分成 37 个区域.

5. 由于圆周上任意四点构成两条相交的弦,这两条相交的弦可得到一个交点. 这时,如果再添加一条弦与已知的两条弦相交,又得到两个交点,这样就确定了一个顶点全部在内部的三角形.

因此,圆周上的每 6 个点就对应一个三角形,这样的三角形有 C_n^6 个.

练习十

1. 设这连续 m 个整数为 $n, n-1, n-2, \cdots, n-m+1$.

(1) 若这 m 个整数都是正整数,则由
$$C_n^m = \frac{n(n-1)(n-2)\cdots(n-m+1)}{m!}$$
是整数,则连续 m 个整数的乘积
$$n(n-1)(n-2)\cdots(n-m+1)$$
能被 $m!$ 整除;

(2) 若这 m 个整数有一个是 0,则 $n(n-1)(n-2)\cdots(n-m+1)=0$,能被 $m!$ 整除;

(3) 若这 m 个整数都是负整数,则 $n<0, m>0$. 由
$$\begin{aligned}
C_n^m &= (-1)^m C_{|n|+m-1}^m \\
&= (-1)^m \frac{(|n|+m-1)(|n|+m-2)\cdots(|n|+1)|n|}{m!} \\
&= (-1)^m \frac{(-n+m-1)(-n+m-2)\cdots(-n+1)(-n)}{m!} \\
&= \frac{(n-m+1)(n-m+2)\cdots(n-1)n}{m!} \\
&= \frac{n(n-1)(n-2)\cdots(n-m+1)}{m!}
\end{aligned}$$

且 $|n|+m-1>0, m>0$,所以 $C_{|n|+m-1}^m$ 是整数,从而 C_n^m 是整数.

于是 $\frac{n(n-1)(n-2)\cdots(n-m+1)}{m!}$ 是整数,即
$$n(n-1)(n-2)\cdots(n-m+1)$$
能被 $m!$ 整除.

由以上,连续 m 个整数的乘积一定能被 $m!$ 整除.

2. $C_{-5}^{-2} = (-1)^7 C_{-2}^{|-5|-1} = -C_1^4 = 0$;

$$C_{-5}^{-9} = (-1)^{14} C_{-9}^{|-5|} {}^{|-1|}_{-1} = C_8^4 = 70.$$

3. $C_{-5}^2 = (-1)^2 C_{|-5|+2-1}^2 = C_6^2 = 15.$

4. (1) $n \geqslant m \geqslant 1$ 时，即为第六章已经证明的 $mC_n^m = nC_{n-1}^{m-1}$；

(2) $n=1, m=0$ 时，$mC_n^m = 0C_1^0 = 0, nC_{n-1}^{m-1} = 1 \cdot C_0^{-1} = 0$，所以等式成立；

(3) $n=0, m=1$ 时，$mC_n^m = 1 \cdot C_0^1 = 0, nC_{n-1}^{m-1} = 0 \cdot C_{-1}^0 = 0$，所以等式成立；

(4) $n=0, m=0$ 时，等式显然成立；

(5) $n<0, m>1$ 时，则

$$m-1>0, |n|+m-1>0$$

$$mC_n^m = (-1)^m mC_{|n|+m-1}^m = (-1)^m \frac{(|n|+m-1)!}{(m-1)!(|n|-1)!}$$

$$nC_{n-1}^{m-1} = (-1)^{m-1} nC_{|n-1|+m-1-1}^{m-1} = (-1)^m |n| C_{|n|+m-1}^{m-1}$$

$$= (-1)^m \frac{|n|(|n|+m-1)!}{(m-1)!|n|!}$$

$$= (-1)^m \frac{(|n|+m-1)!}{(m-1)!(|n|-1)!}$$

所以，等式成立；

(6) $n<0, m=1$ 时，

$$mC_n^m = C_n^1 = (-1) C_{|n|+1-1}^1 = -|n| = n$$

$$nC_{n-1}^{m-1} = nC_{n-1}^0 = n$$

所以，等式成立；

(7) $n<0, m=0$ 时，

$$mC_n^m = 0C_n^0 = 0, nC_{n-1}^{m-1} = nC_{n-1}^{-1} = n(-1)^{n-1-1} C_{-1}^{|n-1|}{}_{-1}^{|-1|} = 0$$

所以，等式成立；

(8) $n<0, m<0$ 时，

$$mC_n^m = m(-1)^{n+m} C_{|m|}^{|n|}{}_{|m|}^{|-1|}$$

$$nC_{n-1}^{m-1} = n(-1)^{n+m-2} C_{|m-1|}^{|n-1|}{}_{|m-1|}^{|-1|} = n(-1)^{n+m} C_{|m|}^{|n|}$$

因为 $|m|>0, |n|>0$，若 $|n|>|m|$，则 $|n|-1 > |m|-1$，于是

$$mC_n^m = 0, nC_{n-1}^{m-1} = 0$$

所以，等式成立；

若 $|n|<|m|$，则 $nC_{|m|}^{|n|} = -|n| C_{|m|}^{|n|} = -|m| C_{|m|-1}^{|n|-1} = mC_{|m|-1}^{|n|-1}$，所以，等式成立.

有以上 8 种情形可得，对任何整数 $n, m (n \neq 0, m \neq 0)$ 都有 $mC_n^m = nC_{n-1}^{m-1}$ 成立.

练习十一

1. $U_4^{15} = 4^{15}$.

2. 由于一个整数能被 4 整除的充要条件是末两位数能被 4 整除,而这样的两位数只有
$$**12, **32, **52, **24, **44$$
其中前两位数是 5 个数 $1,2,3,4,5$ 选取 2 个的重复排列,有
$$U_5^2 = 5^2 = 25(种)$$
所以可以组成 $5U_5^2 = 5 \times 25 = 125$(个)能被 4 整除的四位数.

3. 有 15^{10} 种不同的分法.

4. 有 $C_{7+5-1}^5 = C_{11}^5 = 462$(种)不同的取法.

5. (1) 若 n 个球是可以区别的,则每盒最多装一个时,有 A_m^n 种装法;随便装入盒时,有 m^n 种装法;

(2) 若 n 个球是不可以区别的,则每盒最多装一个时,有 C_m^n 种装法;随便装入盒时,有 C_{m+n-1}^n 种装法.

6. 有 $\dfrac{10!}{1! \cdot 2! \cdot 3! \cdot 4!} = 12\ 600$(种)不同的发奖方法.

7. 有 $\dfrac{11!}{2! \cdot 2! \cdot 2!} = 498\ 960$(种)不同的排法.

练习十二

1. 解法 1:从 3 名女生中任取 2 人"捆"在一起记作 A,(A 共有 $C_3^2 A_2^2 = 6$(种)不同排法),剩下一名女生记作 B,两名男生分别记作甲、乙;则男生甲必须在 A,B 之间(若甲在 A,B 两端.则为使 A,B 不相邻,只有把男生乙排在 A,B 之间,此时就不能满足男生甲不在两端的要求)此时共有 $6 \times 2 = 12$(种)排法(A 左 B 右和 A 右 B 左)最后再在排好的三个元素中选出四个位置插入乙,所以,共有 $12 \times 4 = 48$(种)不同排法. 故选 B.

解法 2:同解法 1,从 3 名女生中任取 2 人"捆"在一起记作 A,(A 共有 $C_3^2 A_2^2 = 6$(种)不同排法),剩下一名女生记作 B,两名男生分别记作甲、乙;为使

男生甲不在两端可分三类情况：

第1类，女生 A,B 在两端，男生甲、乙在中间，共有 $6A_2^2A_2^2=24$（种）排法；

第2类，"捆绑"A 和男生乙在两端，则中间女生 B 和男生甲只有一种排法，此时共有 $6A_2^2=12$（种）排法；

第3类，女生 B 和男生乙在两端，同样中间"捆绑"A 和男生甲也只有一种排法，此时共有 $6A_2^2=12$（种）排法.

三类之和为 $24+12+12=48$（种）.

2. 先排列 $1,2,3$，有 $A_3^3=6$（种）排法，再将"＋"，"－"两个符号插入，有 $A_2^2=2$（种）方法，共有 12 种方法，选 B.

3. 四名学生中有两名学生分在一个班的种数是 C_4^2，顺序有 A_3^3 种，而甲乙被分在同一个班的有 A_3^3 种，所以种数是 $C_4^2A_3^3-A_3^3=30$. 故选 C.

4. 解法 1：8 张卡片中两张卡片上的数字之和为 5 的仅有两种情况：$2+3=5,1+4=5$. 所以，第一次分类是针对这两个等式分类，要分为两类讨论.

第 1 类，$2,3$ 在中间一行，有 A_2^2 种排法，这时，又可以进行第 2 次分类，由于 $1+4=5$，所以针对取出的余下 4 张卡片中是否有 1 或 4 进行第二次分类. 可分为：

（1）有 1 有 4. 这时，1 和 4 不能在同一行，而分别在第 1,3 行，有 8 种排法，剩下的 $5,6,7,8$ 种选两个排在其余位置有 $A_4^2=12$（种）排法. 共有 $8\times12=96$（种）排法；

（2）无 1 无 4. 这时有 $A_4^4=24$（种）排法；

（3）有 1 无 4. 在从 $5,6,7,8$ 中选 3 个与 1 共同排列，有 $C_4^3A_4^4=96$（种）排法；

（4）无 1 有 4. 同（3），有 $C_4^3A_4^4=96$（种）排法.

所以，第 1 类共有 $A_2^2(96+24+96+96)=624$（种）排法.

第 2 类，$1,4$ 在中间一行，同第 1 类，有 $A_2^2(96+24+96+96)=624$（种）排法.

所以共有 $2\times624=1\,248$（种）排法. 故选 B.

解法 2：第 1 类，$2,3$ 在中间一行，有 A_2^2 种排法，这时，其余两行的排法是 $A_6^4-A_4^2\cdot 2A_2^2$ 种，其中 A_6^4 是从除 $2,3$ 之外的 6 张卡片中再取 4 张卡片，排成一排，但是其中有 $1,4$ 卡片的排列不符合要求，应减掉，即减掉 $A_4^2\cdot 2A_2^2$ 种，因此，$2,3$ 在中间的排法共有 $A_2^2(A_6^4-A_4^2\cdot 2A_2^2)$ 种；

第 2 类，$1,4$ 在中间的排法也有 $A_2^2(A_6^4-A_4^2\cdot 2A_2^2)$ 种；

于是,符合要求的排法共有 $2A_2^2(A_6^4-A_4^2\cdot 2A_2^2)=1\ 248$(种).故选 B.

但是,第二种解法,有容易疏忽之处,例如,计算 1,4 卡片的排列不符合要求的排法数时,忽略了 1 和 4 位置的互换,或者忽略了 1,4 在第 1 行和第 3 行的互换,就容易算成 $A_4^2 A_2^2$,这时,就成为 $2A_2^2(A_6^4-A_4^2\cdot A_2^2)=1\ 344$(种),而错选 A.

在第一种解法中,也要注意分类要完整,要不重不漏.例如,在 2,3 在中间一行的情形下,以是否有 1 和 4 为中心进行分类,如果忽略了其中一类,如没有考虑有 1 有 4 的情形,结果就成为 1 056 而错选 C.

解法 3:首先确定中间行的数字只能为 1,4 或 2,3,共有 $C_2^1 A_2^2=4$(种)排法.然后确定其余 4 个数字的排法数.用总数 $A_6^4=360$ 去掉不合题意的情况数:中间行数字和为 5,还有一行数字和为 5,有 4 种排法,余下两个数字有 $A_4^2=12$(种)排法.所以此时余下的这 4 个数字共有 $360-4\times 12=312$(种)方法.由乘法原理可知共有 $4\times 312=1\ 248$(种)不同的排法,故选 B.

5. 第 1 类,从 1,2,3,4,5 中任取两个奇数和两个偶数,组成没有重复数字的四位数的个数为 $C_3^2 A_4^4=72$;

第 2 类,取 0,此时 2 和 4 只能取一个,0 还有可能排在首位,组成没有重复数字的四位数的个数为 $C_3^2 C_2^1[A_4^4-A_3^3]=108$.

共有,$108+72=180$(个)数.故选 C.

6. 因为从 10 个同学中挑选 4 名参加某项公益活动有 C_{10}^4 种不同挑选方法;

从甲、乙之外的 8 个同学中挑选 4 名参加某项公益活动有 C_8^4 种不同挑选方法.

所以甲、乙中至少有 1 人参加,则不同的挑选方法共有
$$C_{10}^4-C_8^4=210-70=140(种)$$
故选 C.

7. 依题意,所选的三位数字有两种情况:

(1) 3 个数字都是奇数,有 A_3^3 种方法;

(2) 3 个数字中有一个是奇数,有 $C_3^1 A_3^3$ 种方法.故共有 $A_3^3+C_3^1 A_3^3=24$(种)方法.故选 B.

8. 不考虑限定条件确定的不同点的个数为 $C_2^1 C_3^1 A_3^3=36$,但集合 B,C 中有相同元素 1,由 5,1,1 三个数确定的不同点的个数只有三个,故所求的个数为 $36-3=33$(个).故选 A.

9. 将 4 个颜色互不相同的球全部放入编号为 1 和 2 的两个盒子里,使得放入每个盒子里的球的个数不小于该盒子的编号,分情况讨论:

①1号盒子中放1个球,其余3个放入2号盒子,有 $C_4^1=4$(种)方法;

②1号盒子中放2个球,其余2个放入2号盒子,有 $C_4^2=6$(种)方法;则不同的放球方法有10种.

故选A.

10. 将5名实习教师分配到高一年级的3个班实习,每班至少1名,最多2名,则将5名教师分成三组,一组1人,另两组都是2人,有 $\dfrac{C_5^1 \cdot C_4^2}{A_2^2}=15$(种)方法,再将3组分到3个班,共有 $15 \cdot A_3^3=90$(种)不同的分配方案. 故选B.

11. 从后排8人中选2人共 C_8^2 种选法,这2人插入前排4人中且保证前排人的顺序不变,则先从4人中的5个空挡插入一人,有5种插法;余下的一人则要插入前排5人的空挡,有6种插法,故为 A_6^2;综上,故选C.

12. 因为 $C_n^r=\dfrac{n!}{r!(n-r)!}=\dfrac{n}{r}\cdot\dfrac{(n-1)!}{(r-1)!(n-r)!}=\dfrac{n}{r}C_{n-1}^{r-1}$,所以选D.

13. $a_r=(-1)^r C_{2009}^{2009-r}\cdot 1^{2009-r}\cdot 2^r$ 则

$$\dfrac{a_1}{2}+\dfrac{a_2}{2^2}+\cdots+\dfrac{a_{2009}}{2^{2009}}$$
$$=\sum_{r=1}^{2009}(-1)^r C_{2009}^{2009-r}$$
$$=-C_{2009}^{2008}+C_{2009}^{2007}-C_{2009}^{2006}+\cdots+C_{2009}^1-1=-1$$

故选C.

14. 解法1:由条件知点 A 处有4种选择,点 B 处有3种选择,点 C 处有2种选择,从而点 A_1 有3种选择,B_1 处与 A 处的灯泡可以同色,也可以异色,故 B_1 处也有3种选择,C_1 处只有一种选择,由乘法原理共有 $4\times 3\times 2\times 3\times 3=216$(种)方法.

解法2:先定 A,B,C 处的颜色,有 A_4^3 种,第四种颜色的灯的安装位置有 C_3^1 种(例如放在 C_1 处),其余两处分两种情况:A_1,B 同色则 B_1 处有2个选择. A_1,B 不同色则 A_1 已确定,故 B_1 处仅有1种选择. 所以共有 $A_4^3 C_3^1(2+1)=216$(种)不同的方法.

15. 分两步完成:

第一步将4名大学生按 2,1,1 分成三组,其分法有 $\dfrac{C_4^2\cdot C_2^1\cdot C_1^1}{A_2^2}$;

第二步将分好的三组分配到3个乡镇,其分法有 A_3^3.

所以满足条件的分配方案有 $\dfrac{C_4^2\cdot C_2^1\cdot C_1^1}{A_2^2}\cdot A_3^3=36$(种).

16. 若用 3 种颜色,有 C_6^3 种选法,其中第一格有 3 种涂法,第二格有 2 种涂法,第三格和第四格也有 2 种涂法,共有 $C_6^3 \cdot 3 \cdot 2 \cdot 2 \cdot 2 = 480$(种)涂法. 但是,这里仅用了 2 种颜色的情形,共有 $C_6^3 \cdot 3 \cdot 2 \cdot 1 \cdot 1 = 120$(种).

于是,恰用 3 种颜色符合要求的涂法共有 $480 - 120 = 360$(种).

若恰用 2 种颜色,则有 $C_6^2 \cdot 2 \cdot 1 \cdot 1 \cdot 1 = 30$(种).

因此,最多使用 3 种颜色符合要求的不同涂色方法共有 $360 + 30 = 390$(种).

17. 解法 1:依题意,满足 $a_1 < a_3 < a_5$ 的 (a_1, a_3, a_5) 有 5 种可能

$$(a_1, a_3, a_5) = (2,4,6),(2,5,6),(3,4,6),(3,5,6),(4,5,6)$$

而 a_2, a_4, a_6 有 $A_3^3 = 6$(种)可能,所以,不同的排列方法有 $5 \times 6 = 30$(种).

解法 2:由题意,$a_5 = 6$.

若 a_1 取 2 或 3,a_3 取 4 或 5,共有 $C_2^1 C_2^1 A_3^3 = 24$(种);

若 a_1 取 4,则 $a_3 = 5$,$a_5 = 6$,共有 $A_3^3 = 6$(种).

所以,不同的排列方法有 $24 + 6 = 30$(种).

18. 某校从 8 名教师中选派 4 名教师同时去 4 个边远地区支教(每地 1 人),其中甲和乙不同去,甲和丙只能同去或同不去,可以分情况讨论:

①甲、丙同去,则乙不去,有 $C_5^2 \cdot A_4^4 = 240$(种)选法;

②甲、丙同不去,乙去,有 $C_5^3 \cdot A_4^4 = 240$(种)选法;

③甲、乙、丙都不去,有 $A_5^4 = 120$(种)选法,共有 600 种不同的选派方案.

19. 可以分情况讨论:

①若末位数字为 0,则 1,2 为一组,且可以交换位置,3,4 各为 1 个数字,共可以组成 $2 \cdot A_3^3 = 12$(个)五位数;

②若末位数字为 2,则 1 与它相邻,其余 3 个数字排列,且 0 不是首位数字,则有 $2 \cdot A_2^2 = 4$(个)五位数;

③若末位数字为 4,则 1,2 为一组,且可以交换位置,3,0 各为 1 个数字,且 0 不是首位数字,则有 $2 \cdot (2 \cdot A_2^2) = 8$(个)五位数,所以全部合理的五位数共有 24 个.

20. 分两步:首尾必须播放公益广告的有 A_2^2 种;中间 4 个为不同的商业广告有 A_4^4 种,从而 $A_2^2 \cdot A_4^4 = 48$(种). 填 48.

21. 本题需要进行类比推理,结论由两项构成,第一项系数为 1,第两项系数有 $(-1)^n$,这二项对应的 2 的幂分别为 $2^{4n-1}, 2^{2n-1}$,因此对于 $n \in \mathbf{N}_+$,有

$$C_{4n+1}^1 + C_{4n+1}^5 + C_{4n+1}^9 + \cdots + C_{4n+1}^{4n+1} = 2^{4n-1} + (-1)^n 2^{2n-1}$$

22. $C_8^{\frac{3}{2}} = \frac{8}{\frac{3}{2}} = \frac{16}{3}$,当 $x=2$ 时,$C_8^2 = \frac{8 \times 7}{2 \times 1} = 28$;当 $x \to 3$ 时,$[x]=2$,所以

$$C_8^x = \frac{8 \times 7}{3 \times 2} = \frac{28}{3}$$

故函数 C_8^x 的值域是 $(\frac{28}{3}, 28]$.

练习十三

1. 固定这 5 个数字之一在一个指定的位置上,则其余的 4 个数字共有 $A_4^4 = 4! = 24$(种)排列. 从而指定数位的所有满足题意的数字之和为

$$(1+2+3+4+5) \times 24 = 360$$

因此所有五位数之和为

$$360 \times 11\,111 = 3\,999\,960$$

2. 解法 1:先考虑最左边的一列,此列有 3 个靶子,则打下这 3 个靶子的顺序有 C_8^3 种可能;

余下的两列有 5 个靶子,再考虑另一列,比如中间一列,则打下这 2 个靶子的顺序有 C_5^2 种可能;

最后一列,即最右列,打下这 3 个靶子的顺序只有 1 种可能.

于是有 $C_8^3 \cdot C_5^2 = 560$(种)顺序.

解法 2:8 个靶子的全排列有 $A_8^8 = 8!$(种),又因为,每一列的靶子被打掉的顺序必须是从下到上,不能随意排列,所以不同的顺序有

$$\frac{8!}{3! \cdot 2! \cdot 3!} = 560(种)$$

3. 设分配给 3 个学校的名额分别为 x_1, x_2, x_3. 则每校至少有一个名额的分法数为不定方程

$$x_1 + x_2 + x_3 = 24$$

的正整数解的个数有 $C_{23}^2 = 253$(个).

下面计算有两个名额相同的分法数.

若学校 1 和学校 2 都分配 x 名,学校 3 分配 y 名,则相当于方程 $2x+y=24$($x \neq y$)的正整数解,由 y 是偶数,则 $y=2,4,6,10,12,14,16,18,20,22$ 共有 10 组解,所以有两个名额相同的分法数为 $10C_3^1 = 30$.

再计算三所学校名额相同的分法数,显然只有(8,8,8)一种.

因此,每校至少有一个名额且各校名额互不相同的分配方法共有
$$253-30-1=222(种)$$

4. 在 15 次投掷硬币的序列中,出现 2 个 ZZ,3 个 ZF,4 个 FZ,5 个 FF 的情形有如下两类情况

$$-ZZ-ZZ-Z-Z \qquad\qquad ①$$
$$-ZZZ-Z-Z-Z \qquad\qquad ②$$

只要在横线的地方是 1 个或几个 F,并且一共有 9 个 F,就一定符合题目要求,例如

$$\underline{F}FZZ\ \underline{F}FZZ\ \underline{F}FFFZFZ,\underline{F}ZZ\ \underline{F}FFFZZ\ \underline{F}FZ\ \underline{F}FZ$$
$$\underline{F}ZZZ\ \underline{F}FZ\ \underline{F}FFFZ\ \underline{F}FZ,\underline{F}FFZZZ\ \underline{F}FFFZFZ$$

都出现 2 个 ZZ,3 个 ZF,4 个 FZ,5 个 FF 的情形,并且式①中的两个连续的 Z(ZZ)和一个 Z 的位置可以互换,式②中的三个连续的 Z(ZZZ)和一个 Z 的位置也可以互换,都不影响结果.

式①中的两个连续 ZZ 和一个 Z 的位置互换,相当于在 4 个位置上有 2 个位置上放两个连续的 Z,有 $C_4^2=6(种)Z$ 的方法.

式②中的三个连续的 Z 和一个 Z 的位置互换,相当于在 4 个位置上有 1 个位置上放三个连续的 Z,有 $C_4^1=4(种)Z$ 的方法.

对于式①,②这两种情形,在每条横线上至少放一个 F,4 条横线上共放 9 个 F,设 4 条横线上放 F 的个数依次为 x_1,x_2,x_3,x_4,则 F 的放法数是一次不定方程

$$x_1+x_2+x_3+x_4=9$$

的正整数解的个数,有 $C_{9-1}^{4-1}=C_8^3=56(个)$.

所以,15 次投掷硬币的结果出现 5 个 ZZ,3 个 ZF,2 个 FZ,4 个 FF 的序列共有

$$56\times(6+4)=56\times10=560(个)$$

5. 最后一次必须是正面.

(1)掷 10 次正面可到达点 +10,有 1 种;

(2)掷 11 次,因为最后一次是正面,所以前 10 次需出现 1 次反面,其可能的情况有 C_{10}^1 种;

(3)掷 12 次,因为最后一次是正面,所以前 11 次需出现 2 次反面,其可能的情况有 C_{11}^2 种.

所以共有 $1+C_{10}^1+C_{11}^2=66(种)$.

6. 不同染色方法的数目为 $2^{n+1}-2$.

在第一行的点有两种染色方式:第一种是两种颜色交替出现,第二种是有两个相邻的点同色.

第一种情况:每一行或者和其上一行的染色方式完全相同,或者和其上一行的染色方式完全相反,即每行都有两种染色方法,因此,共有 2^n 种不同的染色方法;

第二种情况:第一行共有 2^n-2 种不同的染色方法.则后面的行由第一行唯一确定,因此共有 2^n-2 种不同的染色方法.

综合以上,共有 $2^n+2^n-2=2^{n+1}-2$(种)不同的染色方法.

7. 对于正整数 $k(3\leqslant k\leqslant 10)$,每选取 k 个点就可以构成一个凸多边形,且点组不同时,构成的凸多边形也不同.从 10 个点中选取 k 个点的方法有 C_{10}^k 种不同的取法,所以有

$$C_{10}^3+C_{10}^4+\cdots+C_{10}^{10}=2^{10}-C_{10}^0-C_{10}^1-C_{10}^2=968(个)$$

不同的凸多边形.

8. 从 5 个偶数中选 3 个数,其和必为偶数,有 $C_5^3=10$(种),从 5 个偶数中选 1 个数,再从 5 个奇数中选 2 个数,其和必为偶数,有 $C_5^1 C_5^2=50$(种).

所以,和为偶数的取法共有 $10+50=60$(种).其中,3 个数的和小于 10 的取法有

$$\{0,1,3\},\{0,1,5\},\{0,1,7\},\{0,2,4\},\{0,2,6\}$$
$$\{0,3,5\},\{1,2,3\},\{1,2,5\},\{1,3,4\}$$

共 9 种.

所以满足要求的取法有 $60-9=51$(种).

9. 抽出的人数必须满足下面的不等式组

$$\begin{cases}0\leqslant 14-m\leqslant 2m\\ 0\leqslant 5m-11\leqslant 3m\\ m\in\mathbf{N}\end{cases}$$

即

$$\begin{cases}\dfrac{14}{3}\leqslant m\leqslant 14\\ \dfrac{11}{5}\leqslant m\leqslant\dfrac{11}{2}\\ m\in\mathbf{N}\end{cases}$$

解得

$$\begin{cases} \dfrac{14}{3} \leqslant m \leqslant \dfrac{11}{2} \\ m \in \mathbf{N} \end{cases}$$

所以 $m=5$. 于是甲队有 $2m=10$(人),乙队有 $3m=15$(人). 甲队抽出 $14-m=9$(人),乙队抽出 $5m-11=14$(人).

所以参加游戏的人有 $C_{10}^9 C_{15}^{14}=150$(种)不同的选法.

10. 如图 36,立方体的 12 条棱的中点,任何 3 点都不共线.

由其中 3 点决定的平面,在不考虑重复的情况下有 $C_{12}^3=220$(个).

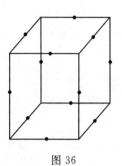

图 36

但是,其中 4 点共面的有 21 个,6 点共面的有 4 个,因此重复计算的有

$$21\times(C_4^3-1)+4\times(C_6^3-1)=139(个)$$

所以,所求平面的个数共有 $220-139=81$(个).

11. 按使用颜色的种数分类:

(1)使用 6 种颜色时.可使涂第一种颜色的面向上,侧面的 4 种颜色中选定一种涂前面,于是,不同的涂色方案的种数为

$$\frac{A_6^6}{6\times 4}=30$$

(2)使用 5 种颜色时.从 6 色中选 5 色,5 色中选定 1 色涂相对两面,不妨设为上面和下面,然后,从另 4 色中选定一种涂前面,于是后面可涂另 3 色之一,余下的 2 色涂左右两面,可以经翻转互换,不同的涂色方案的种数为

$$C_6^5 C_5^1 \cdot \frac{C_4^1}{4} \cdot \frac{C_3^1 C_2^1}{2}=90$$

(3)使用 4 种颜色时.从 6 色中选 4 色,4 色中选定 2 色涂相对两面,不同的涂色方案的种数为

$$C_6^4 C_4^2=90$$

(4)使用 3 种颜色时.不同的涂色方案的种数为 $C_6^3=20$

综合以上,不同的涂色方案的种数为 $30+90+90+20=230$.

编辑手记

著名组合学家 Gr. C. Moisil 在为天才的罗马尼亚年青组合专家 I. Tomescu 著的《Introduction to Combinatorics》所写的序言中指出：组合理论的每一个问题要求人们的头脑——人们的数学头脑无拘无束的运用.

它需要知识，但更需要智能.

从一个问题到另一个问题所用的方法都不相同.

对有些重大的数学理论，会遇到这种情况：使用极少几种方法获得了杰出的结果，而组合理论却相反，它在方法上是多样化的. 因此有些人对它得到的结果的重要性有所怀疑.

所以在解组合理论问题的过程中会感到愉快，而且有机会不断地重温这种乐趣.

这本书，这门科学，使我们能够给数学以如下的定义：一大乐趣.

笔者认为，这正是笔者想要表达的对组合数学以及这本王连笑先生的遗作的看法及评价. 组合数学是困难的，以国家自然科学奖为例，从 1982 年恢复颁奖以来只有四项成果获一等奖. 其中就有一项是奖给组合数学的，那就是陆家羲的"关于不相交 Steiner 三元素大集的研究"，其余三项获奖者都是鼎鼎大名，一项是陈景润、王元、潘承洞的"Goldbach 猜想研究"，一项是廖山涛的"微分动力系统稳定性研究"，还有一项就是冯康等的"Hamilton 系统的辛几何算法". 因其难，浅谈才必要！

这本书读者面很广,面对广大中学师生,不仅仅是适用于参加数学竞赛的选手,普通的中学师生都可以从中获益,中国现在一提中学数学就是一个中心两个基本点,中心是应试,基本点是竞赛和高考,好像学数学只有这两个用途,其实打好基础,不参加竞赛也大有益处.

新近获得菲尔兹奖的法国数学家 Cédric Villani 在接受访问时说:"我从来没有参加国际数学奥林匹克,也没有参加全国性的数学竞赛,我的父母想要我参加国家级的竞赛,但我的老师反对,以为它是不相干的,而且潜在地使人沮丧,回头看此事,她无疑是正确的——在那时没有接受正当的训练,我可能不会表现得这样好."

这本书是在王连笑先生去世前一个月笔者去天津取的稿,加紧出版是对连笑老师的最好的怀念.

冯友兰先生曾经写过一篇叫《论风流》的文章,文中对风流境界作出了经典式的分析和阐明,他列出了风流境界的四个条件:(1)玄心(对本体的证悟),(2)洞见(深刻的直觉),(3)妙赏(对美的敏感),(4)深情(对万物深厚的同情),余以为此四个条件也是学好数学的必要条件.连笑老师一生学数学、教数学,对数学一往情深以致忽略了对身体的保养.近一年来单是我们在天津的中老年作者中已有好几位健康出现了问题,可能是受当年"革命加拼命,拼命干革命"的'余毒'影响太深,今天我们更应提倡的似乎应是诺特丹大学的校训所示:"生命,甘甜和希望(Life Sweetness and Hope)".

刘培杰

2012 年元旦于哈工大

哈尔滨工业大学出版社刘培杰数学工作室
已出版(即将出版)图书目录

书 名	出版时间	定 价	编号
新编中学数学解题方法全书(高中版)上卷	2007—09	38.00	7
新编中学数学解题方法全书(高中版)中卷	2007—09	48.00	8
新编中学数学解题方法全书(高中版)下卷(一)	2007—09	42.00	17
新编中学数学解题方法全书(高中版)下卷(二)	2007—09	38.00	18
新编中学数学解题方法全书(高中版)下卷(三)	2010—06	58.00	73
新编中学数学解题方法全书(初中版)上卷	2008—01	28.00	29
新编中学数学解题方法全书(初中版)中卷	2010—07	38.00	75
新编平面解析几何解题方法全书(专题讲座卷)	2010—01	18.00	61
数学眼光透视	2008—01	38.00	24
数学思想领悟	2008—01	38.00	25
数学应用展观	2008—01	38.00	26
数学建模导引	2008—01	28.00	23
数学方法溯源	2008—01	38.00	27
数学史话览胜	2008—01	28.00	28
从毕达哥拉斯到怀尔斯	2007—10	48.00	9
从迪利克雷到维斯卡尔迪	2008—01	48.00	21
从哥德巴赫到陈景润	2008—05	98.00	35
从庞加莱到佩雷尔曼	2011—08	138.00	136
从比勃巴赫到德·布朗斯	即将出版		
数学解题中的物理方法	2011—06	28.00	114
数学解题的特殊方法	2011—06	48.00	115
中学数学计算技巧	2012—01	48.00	116
中学数学证明方法	2012—01	58.00	117
数学趣题巧解	2012—03	28.00	128
数学奥林匹克与数学文化(第一辑)	2006—05	48.00	4
数学奥林匹克与数学文化(第二辑)(竞赛卷)	2008—01	48.00	19
数学奥林匹克与数学文化(第二辑)(文化卷)	2008—07	58.00	36
数学奥林匹克与数学文化(第三辑)(竞赛卷)	2010—01	48.00	59
数学奥林匹克与数学文化(第四辑)(竞赛卷)	2011—08	58.00	87

哈尔滨工业大学出版社刘培杰数学工作室
已出版(即将出版)图书目录

书 名	出版时间	定 价	编号
发展空间想象力	2010—01	38.00	57
走向国际数学奥林匹克的平面几何试题诠释(上、下)(第2版)	2010—02	98.00	63,64
平面几何证明方法全书	2007—08	35.00	1
平面几何证明方法全书习题解答(第2版)	2006—12	18.00	10
最新世界各国数学奥林匹克中的平面几何试题	2007—09	38.00	14
数学竞赛平面几何典型题及新颖解	2010—07	48.00	74
初等数学复习及研究(平面几何)	2008—09	58.00	38
初等数学复习及研究(立体几何)	2010—06	38.00	71
初等数学复习及研究(平面几何)习题解答	2009—01	48.00	42
世界著名平面几何经典著作钩沉——几何作图专题卷(上)	2009—06	48.00	49
世界著名平面几何经典著作钩沉——几何作图专题卷(下)	2011—01	88.00	80
世界著名平面几何经典著作钩沉(民国平面几何老课本)	2011—03	38.00	113
世界著名数论经典著作钩沉(算术卷)	2012—01	28.00	125
世界著名数学经典著作钩沉——立体几何卷	2011—02	28.00	88
世界著名三角学经典著作钩沉(平面三角卷Ⅰ)	2010—06	28.00	69
世界著名三角学经典著作钩沉(平面三角卷Ⅱ)	2011—01	28.00	78
世界著名初等数论经典著作钩沉(理论和实用算术卷)	2011—07	38.00	126
几何学教程(平面几何卷)	2011—03	68.00	90
几何学教程(立体几何卷)	2011—07	68.00	130
几何变换与几何证题	2010—06	88.00	70
几何瑰宝——平面几何500名题暨1000条定理(上、下)	2010—07	138.00	76,77
三角形的五心	2009—06	28.00	51
俄罗斯平面几何问题集	2009—08	88.00	55
俄罗斯平面几何5000题	2011—03	58.00	89
计算方法与几何证题	2011—06	28.00	129
463个俄罗斯几何老问题	2012—01	28.00	152
近代欧氏几何学	2012—2	38.00	162

哈尔滨工业大学出版社刘培杰数学工作室
已出版（即将出版）图书目录

书　　名	出版时间	定　价	编号
超越吉米多维奇——数列的极限	2009—11	48.00	58
初等数论难题集（第一卷）	2009—05	68.00	44
初等数论难题集（第二卷）（上、下）	2011—02	128.00	82,83
谈谈素数	2011—03	18.00	91
平方和	2011—03	18.00	92
数论概貌	2011—03	18.00	93
代数数论	2011—03	48.00	94
初等数论的知识与问题	2011—02	28.00	95
超越数论基础	2011—03	28.00	96
数论初等教程	2011—03	28.00	97
数论基础	2011—03	18.00	98
数论入门	2011—03	38.00	99
解析数论引论	2011—03	48.00	100
基础数论	2011—03	28.00	101
超越数	2011—03	18.00	109
三角和方法	2011—03	18.00	112
谈谈不定方程	2011—05	28.00	119
整数论	2011—05	38.00	120
初等数论100例	2011—05	18.00	122
最新世界各国数学奥林匹克中的初等数论试题（上、下）	2012—01	138.00	144,145
算术探索	2011—12	158.00	148
初等数论（Ⅰ）	2012—01	18.00	156
初等数论（Ⅱ）	2012—01	18.00	157
初等数论（Ⅲ）	2012—01	28.00	158
组合数学浅谈	2012—02	18.00	159
同余理论	2012—02	38.00	163

哈尔滨工业大学出版社刘培杰数学工作室
已出版(即将出版)图书目录

书　　名	出版时间	定　价	编号
历届 IMO 试题集(1959—2005)	2006—05	58.00	5
历届 CMO 试题集	2008—09	28.00	40
历届国际大学生数学竞赛试题集(1994—2010)	2012—01	28.00	143
全国大学生数学夏令营数学竞赛试题及解答	2007—03	28.00	15
历届美国大学生数学竞赛试题集	2009—03	88.00	43
前苏联大学生数学竞赛试题及解答(上)	2012—03	28.00	169
前苏联大学生数学竞赛试题及解答(下)	2012—03	38.00	170

书　　名	出版时间	定　价	编号
整函数	2012—1		161
俄罗斯函数问题集	2011—03	38.00	103
俄罗斯组合分析问题集	2011—01	48.00	79
博弈论精粹	2008—03	58.00	30
多项式和无理数	2008—01	68.00	22
模糊数据统计学	2008—03	48.00	31
受控理论与解析不等式	2012—03		165
解析不等式新论	2009—06	68.00	48
反问题的计算方法及应用	2011—11	28.00	147
建立不等式的方法	2011—03	98.00	104
数学奥林匹克不等式研究	2009—08	68.00	56
不等式研究(第二辑)	2012—02	68.00	153
初等数学研究(Ⅰ)	2008—09	68.00	37
初等数学研究(Ⅱ)(上、下)	2009—05	118.00	46,47
中国初等数学研究　2009 卷(第 1 辑)	2009—05	20.00	45
中国初等数学研究　2010 卷(第 2 辑)	2010—05	30.00	68
中国初等数学研究　2011 卷(第 3 辑)	2011—07	60.00	127
数阵及其应用	2012—02	28.00	164
不等式的秘密(第一卷)	2012—02	28.00	154
初等不等式的证明方法	2010—06	38.00	123
数学奥林匹克不等式散论	2010—06	38.00	124
数学奥林匹克不等式欣赏	2011—09	38.00	138
数学奥林匹克超级题库(初中卷上)	2010—01	58.00	66
数学奥林匹克不等式证明方法和技巧(上、下)	2011—08	158.00	134,135

哈尔滨工业大学出版社刘培杰数学工作室
已出版(即将出版)图书目录

书　　名	出版时间	定　价	编号
500个最新世界著名数学智力趣题	2008—06	48.00	3
400个最新世界著名数学最值问题	2008—09	48.00	36
500个世界著名数学征解问题	2009—06	48.00	52
400个中国最佳初等数学征解老问题	2010—01	48.00	60
500个俄罗斯数学经典老题	2011—01	28.00	81
数学 我爱你	2008—01	28.00	20
精神的圣徒　别样的人生——60位中国数学家成长的历程	2008—09	48.00	39
数学史概论	2009—06	78.00	50
斐波那契数列	2010—02	28.00	65
数学拼盘和斐波那契魔方	2010—07	38.00	72
斐波那契数列欣赏	2011—01	28.00	160
数学的创造	2011—02	48.00	85
数学中的美	2011—02	38.00	84
最新全国及各省市高考数学试卷解法研究及点拨评析	2009—02	38.00	41
高考数学的理论与实践	2009—08	38.00	53
中考数学专题总复习	2007—04	28.00	6
向量法巧解数学高考题	2009—08	28.00	54
新编中学数学解题方法全书(高考复习卷)	2010—01	48.00	67
新编中学数学解题方法全书(高考真题卷)	2010—01	38.00	62
新编中学数学解题方法全书(高考精华卷)	2011—03	68.00	118
高考数学核心题型解题方法与技巧	2010—01	28.00	86
数学解题——靠数学思想给力(上)	2011—07	38.00	131
数学解题——靠数学思想给力(中)	2011—07	48.00	132
数学解题——靠数学思想给力(下)	2011—07	38.00	133
2011年全国及各省市高考数学试题审题要津与解法研究	2011—10	48.00	139
新课标高考数学——五年试题分章详解(2007～2011)(上、下)	2011—10	78.00	140,141
30分钟拿下高考数学选择题、填空题	2012—01	48.00	146
高考数学压轴题解题诀窍(上)	2012—02	78.00	166
高考数学压轴题解题诀窍(下)	2012—03	28.00	167
300个日本高考数学题	2012—03		142

V

哈尔滨工业大学出版社刘培杰数学工作室
已出版(即将出版)图书目录

书　名	出版时间	定　价	编号
中等数学英语阅读文选	2006—12	38.00	13
统计学专业英语	2007—03	28.00	16
方程式论	2011—03	38.00	105
初级方程式论	2011—03	28.00	106
Galois 理论	2011—03	18.00	107
代数方程的根式解及伽罗瓦理论	2011—03	28.00	108
线性偏微分方程讲义	2011—03	18.00	110
N 体问题的周期解	2011—03	28.00	111
代数方程式论	2011—05	28.00	121
动力系统的不变量与函数方程	2011—07	48.00	137
基于短语评价的翻译知识获取	2012—02	48.00	168
闵嗣鹤文集	2011—03	98.00	102
吴从炘数学活动三十年(1951～1980)	2010—07	99.00	32
吴振奎高等数学解题真经(概率统计卷)	2012—01	38.00	149
吴振奎高等数学解题真经(微积分卷)	2012—01	68.00	150
吴振奎高等数学解题真经(线性代数卷)	2012—01	58.00	151
钱昌本教你快乐学数学(上)	2011—12	48.00	155

联系地址:哈尔滨市南岗区复华四道街 10 号　哈尔滨工业大学出版社刘培杰数学工作室
网　　址:http://lpj.hit.edu.cn/
邮　　编:150006
联系电话:0451—86281378　　13904613167
E-mail:lpj1378@yahoo.com.cn